U0037446

旗袍藏美

時光帶不走的東方之美

柳迦柔　著

推薦序 · 一

　　人老未必珠黃，春殘也有花開，歲月只因旗袍從不敗美人。而女人遇見它只需初見，便已傾心。旗袍立領子的設計代表女性永遠如天鵝般高貴優雅，直挺挺的立著，象徵著女性永不低頭，堅韌不拔的個性。旗袍的前襟嚴謹設計由領至胸，代表著女性傳統保守，而由腰到臀一直到開叉，曲線若隱若現，又不失女人的嬌媚與性感。旗袍的盤扣，更猶如左右手相握，緊扣相連，象徵著堅毅永不放棄。

　　無聲的歲月偷走了女人好多的夢。可是穿上旗袍的女人，並不張揚，也不矜持；並不誇張，也不自大。她落落大方，大家風範，集中了東方女性以至東方文化所有的隱忍、從容、善良和堅忍不拔。也因此無論世事如何變化，穿旗袍的女人依然韻味無窮。這種藏不住的美，正是旗袍之於女性內斂含蓄的底蘊。

　　小時候，旗袍是成年女子一道亮麗的風韻，歲月如梭，耐心等待扁平的身材長到玲瓏有致的曲線，只為穿上它，但又深怕不夠美的自己，糟蹋了那一襲華服。而它卻在成長過程中一直是衣櫃裡的缺失 .....

　　如今旗袍也不單單是舞台上的表演，旗袍原來可以相伴於日常的柴米油鹽醬醋茶。穿入生活形式裏，變成一種低調的華美，從優裕奢華到平凡踏實。願愛上旗袍就像是愛上一個人──日日思君不見君，君便幻化成一個恰似遙不可及又隨手可得的美麗，旗袍風 · 瘋旗袍釀成一種無法自拔的癮頭！

　　　　　　　　──台灣世界旗袍文化推展聯合會　創會長　張莉緹

推薦序・二

　　一件做工精緻的旗袍，如一位品味高雅的女人，時代變遷，旗袍也在改進；觀念更新，也賦予了旗袍不同的意義。從領口到袖口，從襟扣到鑲邊，這其中蘊藏的故事誰又能說得清？旗袍就像一個攝人魂魄的女子，在搖曳生輝的瞬間，盡顯萬種風情；在舉手投足的片刻，優雅──款款而來……

　　《旗袍藏美：時光帶不走的東方之美》一書的作者柳迦柔女士，憑藉對中華旗袍文化的摯愛以及對中國旗袍歷史和無數旗袍女人的觀察與研究，以文字和圖片的形式展示中國旗袍的歷史沿革及各個不同發展階段；以散文隨筆靈動飄逸的筆觸娓娓道來，描繪中國旗袍女人綽約迷人的風采；婉約唯美的文字，不僅彰顯了做工考究精緻的旗袍文化，也演繹了品味高雅、雍容華貴的美女名媛。

作者將時代的變遷，旗袍的演進以及觀念的更新，賦予旗袍文化卓爾不群的內涵，字裡行間曼妙地表述：從旗袍中蘊藏的故事，到旗袍女子的多彩人生，從民國名人名媛，到現代演藝界名人的風采，旗袍就像一個震撼人心的女子，搖曳生輝，風情萬種；在舉手投足間，香風微醺，華麗優雅，蓮波微步，款款而來⋯⋯

——著名朗誦藝術家、金話筒得主，著名節目主持人　杜橋

推薦序 · 三

旗袍藏美序

旗袍乃大清與民國之女性國服
也彼之韻或漢派或唐裝或宋衣之集
大成者一經上身東方女佳之婆娑之軒
毫畢露矣其香頸猶如仙鶴一般其美峰
宛如山巒般若再社下則駎馬千里之草原也
令人遐想翩翩所謂環肥燕瘦皆一覽無遺於東
方之神女橫空出世也風雅韻俱佳邊稱楊柳依
依有個美人在水一方于好述在河之舟余之道
友文友逖柔女主也柳家莊人也其文空窭其作
大器其婆一襲紅衣婷婷玉立也彼寫旗袍藏美其一
書入美人之故青島出版社出書也配之美人圖戲
青藍之旗袍也圖文並茂栩栩如生美神在
上乎之欲出也囑余作序手書小楷余
欻然命筆晚風徐~月照東山思美
嫣娘黃海之上彼從蓬萊仙島躋
莎而似觀音之胝龐斯為序
丙申之夏徐矽

推薦序 · 四

　　服飾是文化的載體，被稱為 Chinese dress 的旗袍就是中國最美的文化符號之一！旗袍，中國女性的傳統服裝，被譽為中國國粹和中國女性國服。

　　旗袍是一款奇妙的衣物，它美，但是有靈性；它挑人，但是通人意。它可以是女人的閨蜜，也可以是女人的武器。它本身具有既矛盾又美麗的靈魂，更何況旗袍之下裹藏的是更美麗的身體，更矛盾的靈魂。

　　旗袍是一種內與外和諧統一的典型民族服裝，被譽為中華服飾文化的代表。它以其流動的旋律、瀟灑的畫意與濃郁的詩情，表現出中華女性賢淑、典雅、溫柔、清麗的性情與氣質。

　　旗袍女子的靈魂是有香氣的，她們的生活從來不是為了別人，而是為了自己。讓自己精緻優雅，找到自身作為女人的魅力與柔情，這種美能讓女人永遠年輕迷人。

　　旗袍，是一種傾國傾城的美。

——國家一級導演、北京電影學院兼職教授　常智宏

目錄

旗袍史話

旗袍女人

旗袍時代

旗韻生香

楊士忠 攝影

旗袍史話

〈陌上桑〉

青絲為籠繫，
桂枝為籠鉤。
頭上倭墮髻，
耳中明月珠。
緗綺為下裙，
紫綺為上襦。

草長鶯飛旗韻生

　　穿一襲優雅的旗袍，踩著高跟鞋的節奏，亭亭玉立，引萬種風情，外在的美與內心的小思緒在心間蕩漾，是無數女子的嚮往。一直喜歡旗袍，不僅僅因為旗袍的優雅，更是因了旗袍帶來的一絲絲韻律，能讓狂野的心安靜，能給繁忙增一點小憩，能給生活帶來種種小清新。

　　母親曾經親手縫製了一款旗袍，穿在身上的那天，空中飄著雨絲，我撐著傘，走在小街上，不禁想起戴望舒的《雨巷》，亦不知背後的行人是否將我與詩中的女子聯繫起來，心下卻仍在自戀地想著那時那人那情景，一種感覺剎那間鑽入心房。這是一種發自內心的美，美到心裡，美得溫暖，美到記憶中的那些往事，情深雨濛，霧雨沐風，頃刻間回到了幾百年前，追溯起產生美的那個時代，於是，一個問題縈繞在腦海中：旗袍的美究竟源自於何處？

　　歷史總是給人一種神秘感，儘管人們多少有些疑問，但對旗袍的起源卻有著基本的認同。旗袍，或許真的跟旗人有關。按照人們的慣性思維，認為旗袍裡既然有「旗」字，就是滿清的衣服，滿清的衣服就是旗袍。其實也不盡然。

　　回望歷史，當清軍入關，漢族的衣飾即發生了改變，男人挽起的秀髮編成了辮子，在各種場合穿上的袍子名目繁多，一時應接不暇。而女子的著裝則融合了漢滿服飾的特色，滿人女子的衣飾寬大鑲邊，成為漢族女子的最愛。試想，即使在當代，哪一個女子不喜歡及至腳踝的裙裾，滾著精緻的花邊，寬大的下擺，踩著類似現代高跟鞋一樣的鞋子，在微風中聽環佩叮噹，一定是別有一番滋味在心頭。

　　見過一張先祖的照片，清末時代，先祖的衣飾有著明顯的旗人的印記。小時候爺爺告訴我，旗人的服裝最初是長褂子，有大襟，帶扣袢，有箭袖，兩側的開氣，方便騎馬作戰，

《女人花系列‧七》曠野

跪拜時，只消撩起，單膝、握拳，那些繁瑣的儀式，在一膝一跪之間完成。

如同我們曾經看過的許多與清代相關的電影和電視劇，我們總是隨著劇情的展開，關注主角的命運，卻忽略了頗費心思的服裝設計，其實，每一部影視劇裡，必不可少的是服裝道具，而最讓人難忘的除了那些影星和精彩的臺詞，最值得記憶的，竟然是不同時代的服裝。

順治遷都，北京成為都城，也成為旗袍的起源地。八旗子弟征戰東西，八旗女子則將衣飾穿出了風範。直筒式的下擺，直直的領子，穿出了二八女子的柔和；不收腰，早年間的旗袍是直硬領式，寬下擺，寬袖子，穿出了中年女子的柔美；老年女子的衣袍，更是寬襟肥袖，搖一把扇子，隨著細風輕輕吹起邊沿，沉穩中透著一點點小不安，卻也將悠閒在一瞬間流露。

如果深究，雖然旗袍是女子的衣飾，卻歷史深遠。個人理解，旗袍就是我們今天所說的服裝。服裝從古至今，發生了無數次演變，從有記載的年代至春秋戰國時的深衣，雖分體裁割卻連成一體，秦漢時期，服飾發生了變化。漢代「深衣制袍」，唐代「圓領襴袍」，明代「直身」，長袍寬深，既是文人的身份特徵，也是上流社會的服飾寫照。

《女人花系列‧五》
曠野

　　與每個朝代的制度和發展特色不同，每個朝代的服飾也各有其特色。春秋時孔子的布衣、戰國時楚王的戰服、秦王的朝服、漢武帝的寬袍、唐太宗的長袍、宋太祖的衣飾、元太祖的戰袍、明太祖的龍袍、大清十二帝的帝王衣飾，無不流露出當時的衣飾特色，從朝代的變化看服飾的演變，歷史從細微處讓人們看到了時代的發展、國家的穩定。

　　曾經用兩年時間研究遊牧民族，終於發現一個祕密，袍服或者說旗袍的前身，實際上源於遊牧民族的服飾，遍佈於世界各地的遊牧部落，他們以水為源，不斷

地遷徙前行，他們的穿著也被要求符合這種遷徙的生活，
腰部收緊，袖口敞開，而前後擺寬大隨意，如胡服騎射
般，被趙武靈王推崇。

　　80 年代，海峽吹來的一股清風，讓無數男女青年喜
歡上了國外的西裝。原因是這些西裝有腰身，裙配有花
邊，從人們對服飾一陣風似的從狂喜到追崇，與唐代人
們對胡妝、胡騎、胡樂被當時人們追崇相同，流行與時
尚適用於任何時代，開明的思想與時髦的外在表現相結
合，促成了一個時代的風氣轉變。

《女人花系列‧二》曠野

在東北經濟政治文化中心——瀋陽市的繁華地帶，有一條古老的大街，名為中街。透過林立的高樓，遊人如潮的店鋪，興隆大家庭的南側有一處紅牆，遠處的鳳凰樓隱約可見，近處的紅色宮門吸引著遊人走進這處神秘之地。這裡，就是順治遷都前的皇城。因為生於斯長於斯的緣故，對這處神秘的宮殿有著超乎常人的興趣。皇帝在哪座大殿裡上朝？皇后和妃子們住在哪裡？很多問題在曾經年少的女子心頭留下無數個問號。

去過幾次故宮博物院後，最感興趣的不是四庫全書是否回到了故宮，更關心的是那些展出的袍服，以及袍服如何演變成今天的旗袍。

翻閱史書，終於找到了答案。清代的慶典，對服裝的要求甚嚴。慶典場合不分男女都要穿著袍服，皇帝的龍袍、官員的朝袍、旗人男女的各種長袍等，而龍袍與朝袍等在演變的過程中不屬於旗袍的前世，只有八旗女子的長袍才成為旗袍的正宮，又經過與漢家女子的服飾融合，如

《醉花陽・三》曠野

同蘋果和梨的嫁接，結出了蘋果梨，旗人女子的袍服與漢族女子的衣飾經過取長補短後，逐漸演變成今天的模樣。

小時候，有鄰居一位馬奶奶，經常在做家務後換上一件紫色長袍，衣長到腳踝，元寶形的領子高且直，襯在細長白皙的脖頸上，雖然臉上有無數的細碎皺紋，卻掩飾不住曾經的韶華。馬奶奶個子很高，稍有些駝背，一襲長袍在身，卻並不能掩飾住她年輕時的頎長身材。小時候的女伴，個個愛美，看著古董一樣的馬奶奶，心中都有無數的好奇，卻不敢問。

小時候觀察事物很細，與今天從事寫作不無關聯。看到馬奶奶的衣飾上都是滾邊，領子上的細邊、袖子上的窄邊、開氣處的長邊、前大襟的寬邊，每一處鑲邊都有圖案，像一幅畫貼在了衣服上，只看後背，才能找出紫色的布料圓形來。幾次想伸出小手摸一摸，看著老奶奶搖頭晃臉的樣子，終未敢嘗試。媽媽囑咐我，馬奶奶的衣服是傳家寶，千萬不可觸碰。

時光如流水，沒過幾年，馬奶奶去世，再也看不到胡同裡那個曾經一身紫衣的老婦，隨著一縷煙塵，帶走了她的所有故事，還有那件紫色的長袍。N 多年過去，當我坐在電腦前，寫著這些文字的時候，不禁憶起了童

年歲月裡曾經留下印象的老婦人，尤其是她那件紫色的長袍，我童年時夢的衣裳。

當服飾正在發生悄然的改變時，清朝也已開始風雨飄搖。

外族入侵，洋槍洋炮擊敗了長矛大刀，人民陷入水深火熱。亂世豪傑湧現，亂世的衣飾與洋務運動一樣，也開始融貫中西。馬甲曾經取代了馬褂，長袍開始向短打扮靠近。打破了清規，開放之風流行，而讓遺老遺少們留戀的，仍是那風姿綽約的長袍。

秋月裡的一天，走在宮牆外，聽到鼓樂聲聲，皇家盛典正在舉行。忍不住回首駐足，高挽秀髮的宮女，穿著鑲邊的粉色衣袍，拎著宮燈在前邊引路，後邊跟著一笑百媚生的妃子，在眾人的簇擁下，胸前搭著的絲帕在微風中飄動，別有一番風韻。

隊伍雖然遠去，仍在回顧盛典的場景，回味無窮。我不留戀那個時代，但我存在記憶裡的仍然是風情萬種的旗袍……

悠悠情思再回眸

南唐李璟在《浣溪沙》中寫道：

手卷真珠上玉鉤，依前春恨鎖重樓。

風裡落在誰是主？思悠悠！

青鳥不傳雲外信，丁香空結雨中愁。

回首綠波三楚暮，接天流。

一首古詞道盡了幾多清愁，書盡了幾許憂思？讀來，不僅沉醉於詩中的意境，更從詩裡尋到時代的印跡，那些窗前情鎖眉頭的女子，與街巷裡打著油紙傘的姑娘，只看一眼背影，便會難忘。而最令人難以忘懷的，是那個背影的曲線美，在隱約的暮色中，看不清她的臉，卻因為衣飾，擄取了一顆柔軟的心。

《女人花系列・三》曠野

　　此時，時光開始穿越，彷彿看到了林語堂先生筆下
的《京華煙雲》中的姚木蘭朝著我們款款走來，隨著傳
統桎梏的打破，舊時的袍服被旗袍所取代，開啟了真正
意義上的旗袍時代。

無論貧窮，抑或富有，

哪一個女子不穿上一件旗袍？

蘇州的女子最是靈巧，用刺繡演繹著人生，將精巧不僅運用於手下的繡品，也將蕙質蘭心的細緻用在了旗袍的設計上。彼時，蘇州女子的服飾，蘇州女子的裝扮，在秀麗風景的襯托下，越發讓人們神往。

誰都沒想到，一曲評彈催淚流的時刻，民國政府將旗袍確定為禮服，於是，出席宴會的男女，或西裝革履挽一青春飛揚的燙髮女子，或長衫馬褂挽一成熟穩重的盤髮女人，女伴的不同，著裝的色彩也不同，唯一相同的，是服裝的樣式——旗袍，穿在不同的女人身上，各種妖嬈，各種嫵媚，此時，把女人稱為風情的尤物，一點也不為過。

從清代的皇宮到民國的北京，旗袍從十八鑲到鳥獸與花飾，從皇家的唯我獨尊到平民女子間的流行，無論哪一種樣式的改版，都離不開對女子身材的凸顯。而最接近於現代旗袍的，則是民國年間女子的衣飾。

身著上下裝的女學生，上身短襖，樣式活脫脫是旗袍的上半部，高領、盤扣，寬大的袖子，滾著鑲邊。裙子則是多皺褶的長款，富有西式風格。收腰短襖與長款褶裙的搭配，走在小街上，一種飄逸的感覺立時襲來。

冷寂清秋，不只是一幅畫，有時也是一個人，更是縈縈孑立的女子。

有一幅畫，畫上的女子，穿著典雅的旗袍，一把小提琴拿在手裡，似乎在傾訴著無限的愛意，美妙的身段與纖細的手指引出一段段遐思。這個女子是蔣碧微，而作畫的人是大畫家徐悲鴻，這幅畫則題名為《琴課》。雖然佳話已不復存在，但畫上的女子以及女子的旗袍卻隨著這幅畫而流傳下來，它所記錄的是一段人生最美好的時光。

每個年輕的女子都希望自己成為窈窕淑女，上演君子好逑的喜劇，生在不同的時代，賦予女子的命運卻各有不同。曾經有一部劇，名為《旗袍》，描述了民國年

《書》曠野

《女人花系列‧六》曠野

間的一位奇女子，美麗而富有色彩的傳奇人生。

原以為只是關於旗袍演變的劇碼，觀看後才發現，所謂的《旗袍》，並不是寫旗袍的故事，而是代號為旗袍的女藝術家成為女諜報人員的經歷，她利用自己的身份，為新四軍籌措藥品，以滿腔的家國情懷，與形形色色的魔鬼打著交道，忍受著人們的誤解、唾棄，親手除掉了叛變的初戀男友，當與打入敵人內部的地下黨員相愛後，卻又面臨犧牲，生命在華美的旗袍下一點點消逝……留下的是關於旗袍的故事，令人難忘。

當旗袍從北平轉向上海和香港後，那些舊上海的名媛佳麗身著旗袍投身了抗日的戰場，上演著一個女子的

光榮與夢想。此時的旗袍，已不再是舞廳裡達官貴人身邊的擺設，也不是馬甲加在短襖上的式樣，而是更為得體的衣裝。追求獨立的女性，穿著新式樣的旗袍，顯露出的是一種知性與孤獨之美，在淡雅簡潔中流露著自然的華美。

　　曾經看過兩幅張學良夫人于鳳至女士的照片，一張年輕的臉上，小巧精緻的鼻子，勻稱的五官，穿著改良後的旗袍，寬袖，肩下一朵花，頭飾也是一朵小花，搭配協調，一種沉靜的美，讓人不忍心打擾。總是突發奇想：如此年輕的女子，何以修煉得這般寧靜？另一張照片則是她的中年照，格子旗袍，短袖、不張揚，頷首微笑，一種質樸，在不經意間油然而生。也許，因了這份寧靜、恬淡，方顯寬容大度，只可惜，人世間的許多情愛本身就說不清，更何況一個生在亂世的女子？儘管曾經後悔於沒能始終陪伴在少帥身邊，卻也無濟於事，怎奈人生苦短，雖然以 90 多歲的高齡，也難以相伴愛人長眠，不能不說是一種遺憾。

　　我們常說，莫要辜負眼前人，其實，戀人的故事得以長存，無不與風物相關。而與風景相襯的，必是服飾的美。許多女子，擁有不同的衣飾，拍照時雖然這些衣服是陪襯，卻在不斷的更換中獲得不同的圖片，珍藏在記憶的相冊中，才有保存的價值。戴望舒的《雨巷》，

讓我們不僅瞭解了雨中丁香的惆悵，更將一種意境存於心中。女子的旗袍，高雅的背影，令人們驚訝於古風的韻致，記住了那個美麗的女子。從《雨巷》裡那個愁腸百結的女子，到詩人在白色恐怖下的心境，從失望到希望，又從朦朧中的感傷到心底的幽怨，始終陪伴著詩中人的竟然是那一襲淡淡的旗袍。

也許，戴先生也不曾想到，這一時代，竟然是旗袍的頂盛期，如同今天引領時尚潮流的女子一般，30年代的人們，已經有了最時髦的想法。他們將脫胎於清代女子的袍服，與西方的裁剪方式結合，使旗袍得到了改進，通常所說的改良旗袍，則是這一時期旗袍的代表作。

不僅當時的上層階級女子穿著旗袍，即使清代的遺老遺少們也接受了旗袍的改良，從當時聚居北京的清代後裔們到普通人家的女子，皆以瘦而長的旗袍為美，高高的開叉，細緊的腰身，將身材高瘦的女子襯得亭亭玉立，那些豐滿的女子穿上改良旗袍，更顯風韻，在旗袍面前，無論環肥抑或燕瘦，東方女子的曲線美，用一句婀娜多姿並不能完全展現出旗袍的魅力。

從旗袍在北京出現，無論是大襟的長款馬甲，還是民國時期的簡便袍服，莫不打著時代的印記，從皇

左右頁圖：《人間四月》曠野

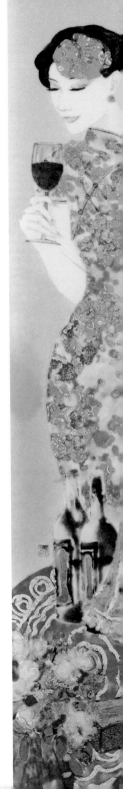

家的織錦到百姓的布衣，在不溫不火中旗袍由繁到簡，與民國的民主之風相映成章。「禮服在所必更，常服聽民自便」，民國政府的《服制》措施讓北京城內的服飾呈現著前所未有的個性化。想像著街上走著穿宮裡袍服的婉容，挽著一位穿著旗袍的女子，旗袍上鑲著滾邊，會是怎樣的一種情景？

辛亥革命，廢除了帝制，成立了中華民國。男人們減掉了辮子，女人們的服飾也刪繁就簡，開啟了一場服飾的革命。當西方的思想開始影響民國的女子時，最先引領時代潮流的仍然是服飾的改變。從京城到上海，兩隔具有地域特色的城市，又走在了服飾改革的前端。從 20 年代的長款寬鬆、衣袖肥大到 30 年代的腰身收緊、袖子窄小，旗袍的稱謂不再是袍服或者旗裝袍，旗袍成為這一服飾的完美稱呼。

如果說京派的旗袍仍然有些保守的長，那麼，海派的旗袍則長短相宜。好友贈送的月份牌中的女子，穿著旗袍，梳著帶波浪的頭髮，即使今天看到這些女子的裝扮，仍然很時髦。旗袍的樣式和圖案都很豔麗，用濃妝淡抹總相宜來形容這些女子最為恰當。無論是雜誌上還是海報裡的女子，穿著經過改良的旗袍，更加突出了女性的曲線美，將腰身、胸部以及臀部的曲線完全展露出來。那些富家女子，即使在深冬，也會

著一襲棉旗袍，外搭一件裘皮，通體的華貴；中等人家的女子，則一襲旗袍，搭配著一件外衣或者毛衣，普通而不落俗套。有時，一隻手袋，或者一件外搭，一個高挽的髮髻，便會讓女子的美在衣飾間流轉，高貴、典雅，這些可以形容女子風韻的詞彙便會不斷地在腦海中閃現。

民國著名作家張恨水在小說《金粉世家》裡，前半部分描寫的是短款旗袍，後半部分則描寫了長款旗袍，語句間對不同的款式表達出不同的風采。他多次提到書中人物穿著旗袍的片段，寫日本女子櫻子的旗袍「及至見了面，大家倒猛吃一驚。她穿的是一件淺藍鏡面緞的短旗袍，頭上挽著左右雙髻……」描寫梅麗時，

《白百合》曠野

他寫道:「她換了玫瑰紫色海絨面的旗袍,短短的袖子,露出兩隻紅粉的胳膊⋯⋯」關於白蓮花的旗袍,則是「穿了一件寶藍印度綢的夾旗袍,沿身滾白色絲辮⋯⋯」一股清新的民國風,在他的文字裡娓娓道來。

靜觀厚厚的一疊月份牌,其中一張一位穿著粉紅色旗袍的女子,懷抱琵琶,似乎彈著民國時的小曲,時而低沉時而高亢,千迴百轉間,帶著幾分拘束,又有幾分隨意。讓人聯想著一曲結束,女子邁著碎步走下臺去,帶起了一陣清風,輕拂著旗袍的下擺,淡淡的,一抹溫情寫在臉上,雖寧靜,卻也令人陶醉了。

《女人花》曠野

一縷風情鎖不住

旗袍的一縷風情，讓任何女子都阻擋不住。

夏月的一個夜晚，在街邊的一家小店，我跟友人談論著要寫的這本書，畢業於名校學理科的她卻是頗感興趣，一句張愛玲的「生命是一襲華美的袍」，打開了我的思路，是啊，能將生命與旗袍連結起來的女子，該是怎樣的一種風情呢？沒想到，一週後的相聚，讓我收穫了意外的驚喜。

一套舊上海的月曆牌拿到手裡的時候，激動不已。

月份牌不僅是民國時代社會生活的縮影，更是反映了當時的審美追求。一份月曆牌，讓我看到了那個時代的旗袍美女，如同今天的時裝秀一樣，見證的不僅是時

裝的變化，而是一個時代的變遷。「在虛空中浮現的身著旗袍的影像，如同一種精緻的信箋，縱然極淡，也還是千嬌百媚，蘊含無限風情……」

穿著高領滾邊繡花旗袍的女子，捧著花束，長長的珍珠耳環搭在柔弱的肩上，一副嬌媚的樣子，如賞一幅人面桃花相映紅的畫作，別有一番滋味在心頭；那位拿著首飾盒的旗袍女子，一根長長的煙嘴夾在手中，雖是廣告圖，卻在古典的韻味中透露出一絲神秘，盒子裡究竟裝了什麼？難免不讓人產生遐想；對著枯梅沉思的女子，聞著花香的女人，抱著孩子的母親，傾聽留聲機的佳麗，無論穿著外搭，還是身著披肩，最吸引視線的仍然是萬種風情的旗袍。

我們都有這樣的體驗：流行的東西，可能會風行一時，卻難以流傳。比如 80 年代的港衫、喇叭褲，還有青年鍾愛的飛行員墨鏡，如今街頭再去尋找長到拖地的喇叭褲，恐怕已經很難。有時候，我們定義時尚的概念，並不以流行為主。流行，可能只是一個時間段，而時尚，不會隨著時間的流逝而褪去光環。

因為，時尚是永恆的，而流行，則是暫時的。

如果非要給旗袍歸類，則為時尚，且永恆。

如果說 20 年代的旗袍只是雛形，到了 30 年代，旗袍的發展不僅在面料的選擇上有了改變，在技術和工藝上也有了很大的改觀，可以說，改良旗袍的出現，讓旗袍呈現了全新的狀態，或者說，30 年代隨著電影事業的發展，很多女星身著旗袍的海報曾經讓無數女子喜歡上了旗袍，並開始了新的嘗試。旗袍，這一富有美感的裝束，不僅迎合了新女性的獨立心理，也為女性的生活增添了浪漫的色彩。

稱旗袍永恆，更重要的一點，是旗袍不受外界的干擾，經久而不衰。即使抗戰的爆發，也沒能阻擋住女子這一裝束的改變。我們在很多影視劇裡可以看到，那些打入敵人內部的地下黨員，那些在學校裡任教的女教師，那些在報館裡工作的女記者，當她們的形象出現在銀幕上的時候，無一例外地穿著旗袍。只是，旗袍的長度縮短，旗袍的袖子也短至肩下。

戰亂，讓女子的行動不再是小家碧玉般的忸怩，在無時不至的危險中，女子們的生存有了一定的難度，她們的腳步加快了，她

《醉花陽·二》曠野

們的生活節奏變亂了，可是，這些外界的干擾只會讓旗袍更加簡潔而實用。

從旗袍不開叉到高開叉，從高高的硬領到低開領，從長及腳踝到縮短至膝蓋以上，從長袖到無袖，旗袍的款式始終在不斷地變化中，與之搭配的服飾也在不斷地變化。從平底鞋到高跟鞋，從盤髮到燙髮，從馬甲到毛衫，不僅服飾有了各種新的式樣，髮式和妝奩也在悄悄地發生著變化。

與今天的追星族一樣，30 年代的明星也備受寵愛。當時的粉絲對女明星的喜愛不只是月份牌上的女子，還有那些電影海報上的明星的裝扮。當時的裁縫也很紅，紅到可以開設培訓班，專門教授旗袍的裁剪和製作。只要看到一部新電影，就會模仿明星的服飾，製作新旗袍，這一點尤以上海女子為甚。

沒有哪一個時代像 30 年代一樣，對旗袍這一服飾充滿了爭議。《晶報》曾經在九十年前，就旗袍是否是適合當時女性穿著的服飾這一話題展開激烈的討論，文辭犀利，吸引了不少眼球。而當時的《良友》雜誌，卻因每期推出穿旗袍的封面女郎讓發行量上升，為雜誌贏得了較好的收益。今天的時尚雜誌所採用的封面非明星即名人，或許參考了當年《良友》雜誌的做法，因為當時的諸多名人諸如蝴蝶、陸小曼等，都是封面人物，她們

《馨香》 曠野

穿著旗袍的風采，款款風情，萬般鍾愛，將脫胎於清代的旗袍演繹得恰到好處，影響了一代的女子，改變了人們的審美情趣。

解放初期，雖然新女性改穿了列寧服和布拉吉，但在京城和上海，旗袍仍然是女性的主流裝扮。旗袍不僅在民國時期是國服，解放後仍然是國服。王光美出訪國外的衣飾就是合身的旗袍，加上她端莊的舉止、文雅的相貌，為中國女性加分，也為旗袍這一具有代表性的服飾賦予了嶄新的含義。

當人們對某件事物的狂熱持續到一定程度時，必然會失去清醒，陷入迷茫。一場浩劫，不僅使某些人和物遭受劫難，即使旗袍，也在悄無聲息中，由台前退到了幕後。寬大的寬褲和直筒式上裝，讓人們辨別不出身

形，即使婀娜多姿，也如裝在套子裡的人一樣，絕美卻不外現。

如果在中國曾經定做過旗袍，又在國宴上穿著中國旗袍而光彩照人的南茜夫人瞭解了旗袍的厄運，一定會很難過，也想像不到，作為服飾的旗袍，在特殊的年代也會遭遇與人相同的命運。那個年代沒有淑女，也沒有旗袍文化的傳承。此時，旗袍似乎已遠離了我們……

與中國旗袍的衰退相比，港臺的旗袍卻延續了幾十年，不僅在文學作品中可以讀到作家筆下的旗袍，在各類選美比賽中仍能見到穿旗袍的身影。中國的服飾黑、藍、灰為主導色，港臺的旗袍或婉約、或簡潔，長短相宜，輔以西裝上衣和披肩，給旗袍帶來了一股清新之風。隨著香港經濟的發展，年輕的一代接受了西式的教育，

《春華》曠野

對西服情有獨鍾，越來越多的女子在不知不覺間換下了
旗袍，只在重要場合才著旗袍。

很多女子在耄耋之年曾經回憶 30 年代，將她們所遭
遇過的旗袍時代，稱之為黃金時代，而在 40 年代，旗袍
達到了鼎盛時期，當 50 年代到來時，旗袍駐足的瞬間，
似乎看到了 60 年代，旗袍撤出歷史舞臺的悲哀。

所以，永恆的經典成為符號時，旗袍如曇花般綻放
過，也在瞬息間凋謝。

時光流轉，當旗袍重新被女子們穿起時，三十年已
逝，那些曾經如花的女子已經老去，容顏不再，風采已
逝。而兩個情景讓人們憶起曾經的風華──給環球飛行的
飛行員送花的女子，紅花旗袍，捲曲的短髮，含笑間，
粉黛生輝；讀書的女子，穿著鑲邊的紅花旗袍，白色的
裡襯彰顯著做工的精緻，纖細的一雙手，端著書，眼目
斜視，偷瞄著攝影的人兒，一顰一笑間，眼波流轉⋯⋯

總有一種情景令人難忘，總有一幅畫面讓人流連，
而旗袍，總有一縷情愫從心底滋生。

右圖：《人間四月》曠野

綿綿思緒憶古風

宇清先生在《旗袍裡的思想史》一文中寫道：

旗袍的流行，很讓人不可思議。奇就奇在，它是在滿
洲人建立的王朝——清朝滅亡後，才出人意料地迅速興
起的……清朝完了。改民國了。新文化運動了。五四
也爆發了。西風東漸越刮越勁了。西洋思想越來越香
了。但畢竟，與西方的接觸，那時候還太少，認識也
還太膚淺。

小文不長，卻將旗袍的發展用簡練的語言概括出
來，將旗袍這種內外和諧的典型服飾透過文字的表達，
上升到文化的層面，因為女子喜愛的旗袍，「它必須，
也只能順應任性，慢慢實現其女性化，這樣它才能夠生
存，才可能發展」，有先見之明地預見到了後來歲月裡，
旗袍的改良和配飾的增加。

其實，旗袍影響著一代又一代人的審美。穿著旗袍，
女性外在的典雅和內在的賢淑氣質總能在一顰一笑間流
露出來，而旗袍上的圖案，無論梅蘭竹菊抑或山水畫墨，
在流動的旋律裡，有詩情也有畫意，有文明也有修養，
有人體的曲線美更有社會價值和人文的思考。正如宇清
先生筆下描繪的「在這個一天天向多元化演變的世界中，
曾經是婦女們當家服裝的旗袍，重新又回歸為女性眾多
的著裝選擇之一種。我們現在或許可以將這經歷過風風
雨雨的旗袍來當做是某種見證。確實，由它，我們好像

《女人花系列‧一》曠野

已經多多少少地窺見了近一個世紀以來，中國人思想與觀念上，耐人尋味的變遷……」

《醉花陽·一》曠野

旗袍經歷過清代的興起和民國的鼎盛，又從建國初期的流傳，直至長達三十年的消亡，讓無數女性懷戀擁有旗袍的好時光，她們將穿著旗袍的老照片珍藏起來，如同藏起過去的歲月，還有曾經的歲月裡做過的那些夢。夢中回味的滿是風姿綽約的舊時光，而夢醒時分，卻已人老珠黃。

三十年的時光總會讓人忘記許多故事，唯有曾經的旗袍情結讓這些女子難忘。雖然青春不再，餘下的時光裡，她們將珍藏的圖片或者在浩劫中保存下來的旗袍拿出來，在燈光下撫摸著一針針一線線縫製的手工旗袍，縱有淚花掛在腮邊，也無法停止紛飛的思緒。N年已逝，唯有旗袍情懷不變，該是怎樣的執著，讓女子們如此傾心？

　　當寒潮褪去，春又複歸時，沉睡了三十年的旗袍重新出現在尋常女子的衣櫥裡。

　　沒有喧嘩，亦沒有喧囂，有的只是悄然的回顧，彷彿一對戀人，在相隔了很久之後，依然能走進對方的心裡，沒有一絲阻隔，有的只是默契和一往情深。

　　旗袍剛剛回歸，給女子們帶來無限的驚喜。80 年代沒有批量加工旗袍的企業，一些剛興起的私人成衣鋪成為製作旗袍的首選。無論年輕的女子，還是年邁的老婦，都會去店裡買上一塊絲緞，讓裁縫店量身定做出自己喜歡的樣式，或長袖或短袖，搭配當時比較流行的手工編織的網衫，將剛剛脫下的肥大褲子換上旗袍，雖然有些忸怩，卻也敢於走向繁華的都市，一展曼妙的身姿，引來無數豔羨的目光，把這一種國粹帶回了人間。

　　旗袍得以回歸，讓人間的女子多了幾分歡喜，卻也增添過一些煩惱。

　　去酒店用餐，門口的迎賓女子穿著大紅的長款旗袍，身材曲線完美，熱情周到的服務，吸引了一眾食客，

《醉紅》曠野

可是，旗袍被廣泛地應用於賓館酒店，雖然讓傳統服飾——旗袍得到了流傳，卻使旗袍失去了國服的意義。

旗袍始於皇家，原本是華貴的象徵，因做工精美而稀有。最見不得粗糙的做工，配以無內涵的身材，既掩藏了旗袍的美，也破壞了旗袍的韻致。幸而本世紀旗袍又再興起，在絢爛閃爍的片刻，遭遇冷落，當輝煌難再繼續時，又獨樹一幟，在人間流行。於是，一句流行語：「哪個愛美的女子衣櫥裡沒有一件旗袍呢？」成為時尚女子的問候語。

經歷過旗袍回歸時的坎坷，更覺今天擁有一件精緻旗袍的可貴。

難忘第一次有幸遭到校長的批評。不是因為講課不生動，不是因為工作不負責，而是因為奇裝異服，穿的一條旗袍惹的禍。當教師的日子裡，每天都要換一套很

正經的衣服，看起來嚴肅又端莊。不甘於隱藏自己的美麗心情，不甘於有違審美的需要，於是，在花季的年齡努力地展示著自己，勤奮到每天更換一套行頭，用不同的款式搭配不同的顏色，用美麗的心情搭配以流暢的語言，在面對學生的時候，彷彿自己就是螢幕前的主持人，語言加服飾加技巧征服著作為觀眾的學生們；彷彿自己就是舞臺上的演員，神情加音色加道具吸引著作為藝術賞析者的弟子們，又彷彿⋯⋯

　　喜歡旗袍的清淡，喜歡旗袍的曲線，喜歡旗袍的精緻，更喜歡旗袍的風韻。於是，一件銀藍色的旗袍外罩一件湖藍色的手工編織網衫，悄然地穿在身上，悄悄地踩著鈴聲走進教室。並沒如想像的那樣在學生中掀起什麼波瀾，甚至沒有小聲的議論。後來和學生的一次談話，關於服飾，女弟子們說：老師的旗袍很莊重，我們既聽課，又欣賞，感覺很好，喜歡老師這樣的風格。

《那時的花已開》曠野

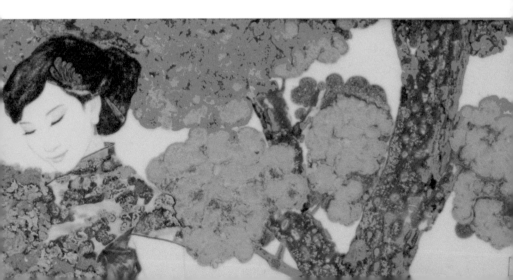

後來，被悄悄地「請」進了校長室。

「這是奇裝異服。你看咱們學校這麼多老師，哪個穿旗袍了？」

儘管給服飾定了性，可是眼鏡後面的那雙眼睛還是不免在這旗袍上多逗留了一會。

「這是中華民族的傳統服飾。」

「你影響了教學效果。」

「我今天的教學效果出奇地好。」

一向和善友好的我，居然也會犯上，真佩服自己當時的勇氣。

多年後，故地重遊，望著校園裡的球場，看著孩子們踢飛足球的剎那，腦海裡不時地浮現出穿著旗袍在課堂上指點英文，激揚心情的那一刻，還有鏡片後的那雙眼睛。

總是後悔彼時的年輕，有很多話未及跟校長說，諸如旗袍是國服，慶齡女士的一襲素雅旗袍，高高挽起的髮髻，讓無數人敬佩，其中也包括外國友人。然而，過去的就過去了，當時情景，即使辯論，又能如何？

旗袍是高雅的，穿旗袍的人更應該有很高的素養，那些殘存於記憶中的內容都寫在了心靈的日記裡，刻在

了生活的相冊中。儘管歲月滄桑，日月輪迴，仍然難以
忘懷。如這每年一次的教師節，每當來臨的時候，都有
人們在忙碌著，回味著自己，總結著自己，憧憬著自己，
也如我正坐在這裡寫著關於旗袍的文章……

《春華》曠野

《語》曠野

楊士忠 攝影

〈雙調・碧玉簫〉

怕見春歸，枝上柳綿飛。
靜掩香閨，簾外曉鶯啼。
恨天涯錦字稀，夢才郎翠被知。
寬盡衣，一搦腰肢細。
癡，暗暗的添憔悴。

旗袍
女人

盛世佳人三姐妹

　　不只一次看過宋氏三姐妹在不同場合的照片，無論在慰問前線將士的記載裡還是參加各種活動的瞬間，都能看到三姐妹身著旗袍的身影。旗袍，對於普通女子是家常服裝，而對宋氏來說，則意義非凡。

　　三姐妹生於海派旗袍的流行地上海，又都在衛斯理安女子學院留學，大姐宋藹齡和妹妹宋慶齡先後擔任孫中山的秘書，藹齡嫁給孔祥熙，慶齡成為孫中山夫人，而小妹美齡則成為民國第一夫人。雖然三姐妹的政見不同，但在抗戰期間，則一致主張抗日，並在 40 年代的重慶街頭，共同展示旗袍，宣導新生活運動，在當時成為美談。

　　也許，當宋藹齡當初赴美留學，在靜靜的梅肯市學
習時，人們所認識的她，就是穿著旗袍的中國姑娘，當
她以自己的學識和才華贏得老師和同學的喜愛時，人們
更加看重這位含蓄的女子，不僅開朗友善，她的表演才　　《荷韻》曹鴻雁

《聽荷》曹鴻雁

華也令一眾美國同學刮目相看。她的身邊總有一群美國同學，不是聽她講故事，就是傾聽她優美的歌聲。雖然她剪掉了辮子，穿上了西式的服裝，但她仍因自己的中國公民身份而自豪。

當兩位妹妹來到藹齡的學校後，三姐妹的美麗端莊和卓爾不群的才華，讓這所學校聲名遠揚。

宋慶齡雖然接受的是歐式教育，卻對獨立民主傾慕已久，因為共同的志趣，她成為孫中山夫人，憧憬著國家的富強民主。儘管民國已不復存在，她仍然開始七十多年的革命生涯。而我們所瞭解的宋慶齡，都是穿著旗袍的模樣，穩重中透著睿智和堅強。

20 年代，宋慶齡出訪蘇聯，以穿著旗袍的中國上層社會女子的形象在歐洲生活了四年，不僅考察了世界上第一個社會主義國家，還研讀馬克思著作，在思想認識上得到提升。當帝國主義列強侵略中國，她表明了自己的觀點，一定要聯合起來，驅逐列強，她穿著旗袍的身影，輾轉於國共兩黨之間，為國共合作架起橋樑。

最令人敬佩的女子，不只是身著華服，最重要的，是服飾下的那顆心以及常人難以企及的智慧。

為了掩護孫中山，宋慶齡不顧叛軍的追殺，堅持讓孫中山先撤離總統府。一句「中國可以沒有我，不可以沒有先生。為了中國，你先走」，讓孫中山和身邊的人震撼。當一個小女子化裝成士兵騙過叛軍，安全撤離總統府，最後與孫中山會合時，她的機智和勇敢讓孫中山敬佩。

穿上旗袍，她是風華絕代的孫夫人，脫下旗袍，她是革命的功臣。

　　與蔣介石的見面，讓宋美齡的人生發生了巨大的轉變。面對蔣的熱烈追求，哪一個女孩子不曾動心？

　　且不說蔣介石如何解除婚約娶了宋美齡，只是美玲較好的家世與無以倫比的才華，包括與美國的關係，便會讓其成為最有內涵的第一夫人。抗戰時期宋美齡縫製軍服的照片甫一面世，即受到當時國人的追捧，進而當選美國《時代》雜誌封面人物和年度風雲人物。「資賦穎秀，維四嶽之通靈；才慧雙修，隨百花而誕降。」如此的女子，穿上旗袍，該是怎樣的風範？

　　傳言說，宋氏三姐妹不和，但是走過童年的她們，在抗戰年代，仍然走在了一起。一艘小船上，是宋氏三姐妹微笑的容顏，她們去慰問將士，去體察人民疾苦，她們穿著旗袍，外罩著西式服裝，將中西合璧的服飾恰如其分地結合在一起。雖然當年美玲嫁給蔣介石時，慶齡並不滿意，可是世事難料，多年後她曾看著三姐妹的合影照片，誇讚美齡年輕時的漂亮，她也會長久地盯著這些老照片，誰也不知道她的心裡想著什麼，只是，那照片上的旗袍，人們再也無法忘記。

　　重慶，是最讓中國人難忘也難過的地方。不僅因為山水的秀美，還因抗戰時的特殊，更因無數志士的付出，讓重慶成為一座有故事的城市。抗戰時期，在重慶流行的旗袍，更讓這座城市蒙上了一絲神秘的色彩。戰時，

人們不會追求奢華，而是以民族大義為重，從簡樸中透露出愛國的情懷。宋氏三姐妹的街頭旗袍秀，更讓當時的人們對旗袍情有獨鍾。

一年四季，季節更替，唯有女性的服飾——旗袍，不會發生變化。

春天的溫暖時日裡，帶夾層的旗袍；夏日的驕陽下，涼爽的單旗袍；瑟瑟秋風中，在秋款的旗袍外披上一件外衣；冬雪中，穿著保暖的棉旗袍，踩著雪地上的一層薄雪，寒風中的細瘦女子，只消看過一眼，便會難以忘懷。

無論哪一個季節，不管穿什麼樣的旗袍，都是高領口，小盤扣，長旗袍，瘦腰身。東方女子穿上旗袍的韻致，在當時的重慶掀起了不小的波瀾。宋氏三姐妹對旗袍的演繹，讓許多外國大使夫人產生了極大的興趣，他們也會訂做一款自己喜歡的旗袍，高挑的身材，白皙的皮膚，讓東方女子看到了西方女子的靈慧。於是，旗袍，成為一種有效的溝通方式，將東西方的友人們聯結起來。

在 40 年代的重慶，人們對旗袍的喜愛，達到了頂峰。很多國家的大使夫人穿起了旗袍，來重慶的美國軍人也被旗袍深深地吸引，旗袍的面料柔軟，是中國特製

的軟緞，或者陰丹布面料，穿著舒適透氣，那時的人們不會因為有化學成分摻雜的面料而皮膚過敏，也不會因為機器的批量加工而出現明顯的品質問題，有的只是精緻的手工，一針一線的細膩。

於是，這些來自西方的男子，也會光臨重慶的旗袍店，為妻子或者女友定製一款旗袍，雖然經歷著戰亂，交通並不便利，但他們仍然想方設法帶回旗袍，送給遠方的親人。當時旗袍的熱度，就好像 80 年代初期，國門開放，國人去日本或者韓國一定會帶回幾套衣服，穿上外國貨的女子立即覺得自己的身份特別，彷彿走在了時尚的前沿。殊不知，幾十年前，中國的旗袍在全世界都是最時尚的衣飾。如果用中國的旗袍跟世界服飾界比拼，並不會輸給那些公主裙和赫本風格的服裝。

因為宋氏姐妹的特殊地位，讓人們認識到旗袍不僅可以獨立穿著，更可以搭配各種不同的風衣、外套或者西裝上衣。印象最深的是藹齡的長大衣搭配的長款旗袍，飄逸、魅力四射；慶齡的外套搭配的長款旗袍，文靜、富有內涵；美玲的旗袍，即使沒有外搭，僅是一枚小坎袖（無袖），便會讓人們看到一位有才華又有智謀的非凡女子。因為三姐妹，讓戰亂時期的旗袍，保持著特色，成為一個亮點。

《紅妝》曹鴻雁

　　最難忘記的是新中國成立初期宋慶齡在政協會上發言的一張照片，西裝搭配的素色旗袍，絲襪和矮跟鞋，盤起的頭髮挽著髮髻，成熟、穩重又幹練，更令人敬重。50 年代初，宋慶齡為了幫助中國人民的老朋友有吉幸治，將母親送給自己的一套繡服托人送給他的家人，讓他們變賣後支付律師費用，這套珍貴的服飾曾經是宋慶齡母親的嫁衣，雖然分為上下衣，但上衣也是旗袍的樣子，非常值得珍藏。有吉幸治的家人將衣服保存下來，直到危機過去。後來，有吉幸治要將這套繡服還給宋慶齡，卻遭到了婉拒。既然已經送出，就不會再收回。有吉幸治的兒子為了報答宋慶齡的幫助，持續幾十年給宋慶齡寄來一種夏威夷盛產的花。當時紐約的博物館要高價收藏這套繡服，被有吉幸治的兒子拒絕。宋慶齡去世後，這套繡服又回到了中國。作為有吉幸治的兒子，他多次捐款並帶領美國友人來到宋慶齡故居。透過一件服飾，看到的是彌足珍貴的友情。

《恬靜》曹鴻雁

　　電視劇《東方戰場》中，演員劉冬，袁詠儀和俞飛鴻分別飾演宋氏三姐妹中的宋藹齡、宋慶齡和宋美齡，且不論電視劇的場面宏大壯觀，只是劇中人物的服裝，在搭配上就突出了人物和時代的特色。三姐妹的旗袍裝，與我們曾經見過的那些圖片相似度很高，人物的外在服飾與內心的感受融合為一體，觀眾在欣賞劇情、回顧抗戰史詩的過程中也欣賞了旗袍這一特殊時代的服飾，三位演員的精彩表演，又讓觀眾在欣賞旗袍的同時，感受到了旗袍的古典美。

　　經典的服飾，合身的剪裁，中西合璧的搭配，加上女神的演繹，無論在國外拍攝，還是在國內拍攝，都讓中國演員的風采走向世界。

　　時光荏苒，歲月如風，三姐妹穿著旗袍前行的身影已經被時代掩藏，她們年輕時代的夢想有旗袍相伴相隨，無論是音樂的高雅，還是繪畫的純淨，實現夢想的過程讓他們樂在其中。就像這旗袍，穿在三姐妹的身上端莊而不失文雅，風情萬種卻不矯揉造作，在微風中，聽一首柔和的曲子，走過歲月，留下的是故事……

傾城一戀慕紅塵

《翹佳麗》曹鴻雁

　　與好友坐在餐廳裡，她問我是否讀過張愛玲的書，是否記得張愛玲的一句話，我問是哪一句。友人答曰：

「生命是一襲華美的袍！」

　　這麼有創意的句子怎會不知呢？這華美不僅是穿旗袍女子的端莊華貴，也是秀麗的江南與塞北小城的一道風景，更是大上海的繁華裡帶來的清閒雅致，將生活與生命的風采寫在了臉上，穿在了身上，把一個如水般溫柔的女子，如精靈般飄逸的女子，如蓮子般聖

潔的女子，千姿百媚的風情，在凝重的歲月裡，變成了
一個曾經的故事，或者一段傳說。

　　多年前，一位女性友人贈予我一本書，小開本，隱
約若現的大紅封面，與精裝的小書相搭配，若隱若現的
圖案中，現出《小團圓》三個字的書名，作者是張愛玲。
翻開書的扉頁，看到一張女子的照片，波浪式的短髮，
襯著一張橢圓形的臉，周正的五官，極有韻致。細長的
頸項外，是高高的立領，一襲小襖，收腰緊身，想不出
這女子的腰身該是多細，才能穿進這樣有形的衣衫，雖
只有上裝可見，卻能目測出女子的身材定是高挑纖細，
鑲著寬邊的衣服既有古典的雅致，又有大上海女子的風
情。於是，心裡暗暗地想，如果書中的女子穿上一襲旗
袍，定會將其演繹得千姿百態、風姿綽約，她的端莊與
或婉約，如同她筆下的人物，不管如何出現在文字裡，
都會集所有華彩於一身，成為傳世的佳人。

　　張愛玲對旗袍的喜愛，從她的《小團圓》裡可見一
斑。在書中她寫道：「賽梨坐在椅子上一顛一顛，齊肩
的卷髮也跟著一蹦一跳，縛著最新型的金色闊條紋塑膠
束髮帶，身穿淡粉紅薄呢旗袍，上面印著天藍色小狗與
降落傘。」除了對賽梨的描寫，提到了賽梨的旗袍，而
對蕊秋這個人物，也透過對人物跟旗袍的關係，描述著
書中人物的悲喜心情。比如：「蕊秋叫了個裁縫來做旗

袍。她一向很少穿旗袍。裁縫來了，九莉見她站在穿衣
鏡前試旗袍，不知道為什麼滿面愁容。」張愛玲喜歡旗
袍這個事實，任誰都無法反駁了。

就像她那精美的文字一樣，她的旗袍同樣做工精
美。無論樣式還是面料，她都會精挑細選，與精心寫著
的文字相映襯。鑲邊的旗袍，必定寬邊，大方而得體；
旗袍的領口，必定高開，托得脖頸纖長；錦緞的旗袍，
必有貴氣，華美而柔軟。即使碎花布藝旗袍，仍然不失
典雅之美。

習慣讀著張愛玲的文字，看著扉頁上穿著旗袍的作
者本人，試圖將這位女子與那些文字分開，卻無論如何
難以做到。穿著旗袍的她，有一股女人的馨香，聞著，
就會陶醉。她是靈魂有香氣的女子，難怪當時的胡蘭成
愛上她，不僅因為她顯赫的家世，也因她的名望和才情，
更重要的是，這個喜愛旗袍華服的女子，典雅、靈動，
安靜而又新潮。

曾經有一篇文章描述了張愛玲穿著旗袍出現，引起
的強烈轟動。40 年代的《萬象》雜誌主編柯靈，第一次
見到張愛玲時，她穿著「絲質碎花、色澤淡雅的旗袍，
飄飄灑灑宛若仙女般」地來到柯靈面前，讓一向見過大
世面的柯靈也感到像遇到了「八級地震一樣震撼」。

抗戰期間，張愛玲的小說《傾城之戀》因影響巨大，而被改編成話劇，當時周劍雲是話劇團的主持人，因排練話劇的需要，周劍雲約見了張愛玲。張愛玲來了，穿著「一襲擬古式齊膝夾襖，超級寬身大袖，水紅緞子，用特別寬的黑緞鑲邊，右襟下有一朵舒卷的雲頭，長袍短套，罩於旗袍外面」，保留了她一貫的時尚之風。

去拜訪友人，她將旗袍的穿戴恰到好處，即使參加一些社會活動，仍然能保持自己的穿衣風格。報社主辦女作家見面會，類似今天的作家沙龍，雖然都是女子，她依然穿著「桃紅色的軟緞旗袍，外罩古青銅背心，緞子繡花鞋，長髮披肩，眼睛裡的眸子，一如她的人一般沉靜」，穿旗袍的女子，應該是沉靜而有內涵的，如此，才與張愛玲的名字相稱。

張愛玲的旗袍能讓主編、主持人和女作家眾人欣賞。這份頃悉心，並非為美色所吸引，而是她周身洋溢著的美麗的光芒。

為出版小說《傳奇》，她去印刷所裡校稿。那天，她是穿著旗袍去的，細窄的腰身，捲曲的長髮，華麗的圖案，讓旗袍之美盡顯。不僅讓女子看了驚歎，那些男子們也瞠目結舌。習慣了與字打交道的人們，在張愛玲的旗袍和她本人的氣質前，被深深地折服。他們停下了

手裡的工作，眼光一刻也不離開這位曾經寫過許多精巧
文字的美豔女子。

今天，當我們重提「美女作家」這一詞彙時，常常
將所謂的美女作家的外貌，比如精緻的面龐，小巧的鼻
子，玲瓏的身材，或者披肩的長髮相聯繫，她們或穿著
長款的亞麻服飾，給人一種飄飄欲仙的感覺；或者一身
職業裝，精緻的做工、高昂的面料，也有恬淡素雅的女作家，不太重視服飾的搭配，那些華服與她們似乎無緣。

如果，真有一位女子穿著旗袍，出現在新書簽售會上，或者接受媒體採訪的攝像機前，定會帶來一股清新的氣息，

《雨巷》曹鴻雁

融古典與現代於一身，不僅讓人們欣賞文字的美，亦欣賞服飾的美。

都說旗袍有一股曖昧的味道，

就像兩個相愛的人兒。

在一個天氣晴好的午後，胡蘭成與張愛玲走在馬路上，那時的她，是多麼地愛他，她穿著一件桃色的旗袍，他誇讚那條旗袍好看，而她則淡淡地回答：「桃色的顏色聞得見香氣。」這個熱愛寫作的女子，對生活也是極其熱愛的。雖然年少時經歷了家庭的變故，但在留美母親的調教下，她依然是名門的後代，擁有大家閨秀的風範。她能從桃色裡聞到香氣，定能從生活中找到樂趣，尤其在寫作之餘，對旗袍的各種設計，讓她癡迷，並因此而感悟：「人們沒有能力改變他們的生活情形，他們只能夠創造貼身的環境，那就是衣服。我們各人住在各人的衣服裡！」

正如戀愛中的男女，難以抵禦對方的曖昧一樣，旗袍的曖昧，同樣也會令女人們迷戀。獨倚欄杆的片刻，女子的心事裹在旗袍裡，靜聽流水的聲音，有無數心事傾訴；蓮塘邊，一枝小荷透著尖角，穿著旗袍的女子，墨綠的蓮葉與粉紅荷花的圖案在水中映出倒影，清風佛過，裙擺飄起，風般的思念，荷般的依戀。

只可惜，張愛玲與胡蘭成的愛情並未進行到底，分手已成定局。當她離開家園，來到美國，仍然不失當年的風韻。曾經的才女、作家，曾經的民國旗袍代言人，心靈手巧，穿戴著自己剪裁的旗袍從東方走向西方，將東方的古典美帶到異域他鄉，吸引了無數駐足的目光。按照今天的理解，張愛玲一定是位不折不扣的「旗袍控」。

她給自己做出了各種旗袍，穿著於不同的場合，所到之處，都會引起男人的遐想，女人的羨慕。即使一襲藍花的織錦旗袍，也讓她在美國的作家面前成為另類。一貫奇裝異服的美國作家，以大膽離奇的著裝為特色，卻在身穿旗袍裝的張愛玲面前黯然失色，時而沉默，時而尖叫。

也許，光陰流逝，帶走了女子俏麗的容顏，卻帶不走女子沉澱的風韻。張愛玲的旗袍，不僅以高領和盤扣讓異國人士驚歎，更以東方女子的端莊穩重和淡定吸引了眾人的視線。儀態萬方，姿態優雅，淺笑間，眼波流轉；楊柳纖腰，婉約至簡，移步間，風情猶存。

這位喜愛旗袍的女子，富貴之時，以華服示人，卻還說：世上，最要緊的是人。旗袍的作用不外乎烘雲托

《紅妝‧一》曹鴻雁

月，忠實地將人體輪廓曲線勾出。你讓那些沒有曲線的女子怎麼想？

不管怎麼說，張愛玲對旗袍的喜愛，不僅是那個時代對服飾的追求，更是個人氣質的展現。在國內或者在香港，穿旗袍無可厚非，而在美國，即使 70 至 90 年代，她仍然一襲旗袍在身，復古中透著濃濃的鄉情。

當生活落入困頓之時，她依然一襲旗袍，即使沒有當年的華貴，也在簡樸中保留著自我的風範。當死亡臨近，她的一襲旗袍，竟然是被面改制，雖淒然，卻依然演繹著她對旗袍的愛。

世上再沒有女子如她一般地喜愛旗袍，從生命開始到落幕，從少女時代的小花，到青年時期的華美；從中年的素雅，到晚年的深藍，她在解讀文字的瞬間，也將旗袍演繹，雖然不夠完美，卻留下了無數的故事。「她是陌上游春賞花，亦不落情緣的一個人。」

昨夜晚讀，不知不覺進入了夢鄉。似乎看到了海上有細雨飄落，一處古舊的院落裡站著一個身著旗袍的女子，微風拂過，落下點點桃花，粉紅的，淡淡的，女子躬身拾起落花，聞著花香，嘴裡喃喃道：「桃色能聞到花香的味道……」

於是，耳邊傳來了那麼輕柔的聲音：

娶了紅玫瑰，久而久之，紅玫瑰就變成了牆上的一抹蚊子血，白玫瑰還是「床前明月光」；娶了白玫瑰，白玫瑰就是衣服上的一粒飯渣子，紅的還是心口上的一顆朱砂痣。

我們都是寂寞慣了的人。

對於三十歲以後的人來說，十年八年不過是指縫間的事。而對於年輕人而言，三年五年就可以是一生一世——

你年輕嗎？不要緊，過兩年就老了。無用的女人是最最厲害的女人。牽手是一個很傷感的過程，因為牽手過後是放手。普通人的一生，再好也是桃花扇，撞破了頭，血濺到扇子上，就這上面略加點染成一枝桃花。

這個夜裡，我想，我是做了一個完美的、關於旗袍的夢……

《盛裝》曹鴻雁

紅伶憂憤過眼雲

《佳期如夢》曹鴻雁

有一張阮玲玉的照片，高領旗袍外搭著一件披肩，只露出了旗袍的領子，略有捲曲的短髮別在耳後，只露出耳墜，娥眉粉黛，近處的竹籬笆外，有一片樹林，遠處分不清是山巒抑或是平原，雖然是黑白照片，卻真切地看到了這個女子的風采，就像當年的校花，只要看了一眼，就會難忘。

　　有些女子，在深宅大院裡長大，滿眼都是黛玉似的幽怨；有些女子，在小弄裡紮根，卻有著一副天生的容顏。阮玲玉應該算作一個。大上海的小弄堂，沁園村九號，對於妙齡女子來說，永遠充滿了神秘的色彩。而這個讓人緬想的女子，則有一段傳奇留在人間。

　　幾年前，我對煙視媚行這四個字瞭解的不夠深，也曾有編輯在書的扉頁上形容我為煙視媚行的女子，當時並不喜歡這個詞，總以為是貶義，後來看到阮玲玉的照片，複又想起這個詞，其實並不是貶義，用這個詞來形容阮玲玉，最為恰當。

　　被稱為上海最骨感的美人，阮玲玉不僅身材讓所有的女子豔羨，她的面貌更是天生讓女子們妒忌、男子們傾慕。一雙會說話的眼睛，再加以身上旗袍的點綴，無論是穿上滾著寬邊的旗袍，還是穿著軟緞的旗袍，都能看到她獨有的貴氣，即使穿上棉布的格子旗袍，仍然不失華美，在樸實中透著一股靈氣。

　　與眾不同，永遠是阮玲玉的風格，而旗袍，這一民國的普通服飾，又為她增添了更多的風采。如果不是在那個對輿論感到懼怕的時代，如果不是遇人不淑，阮玲玉不會在 25 歲的如花年華裡結束自己的生命。生如夏花之絢爛，讓阮玲玉成為電影裡的明星，生命雖然短暫，

卻如花般綻放。她是一朵玫瑰，豔麗，卻不嬌柔，在飄搖的風雨中為自己尋求一條解脫之路。

雖然只想寫寫阮玲玉的旗袍，可是卻繞不開與她相關的故事，就像她喜歡旗袍，我也喜歡旗袍，因為旗袍，我也深深地關注這個女子，儘管她已經逝去七十多年了，那些不為人知的祕密卻並未隨著她的逝去而消失。

那天晚上，對於阮玲玉來說，生命無比沉重。剛剛上演的《新女性》受到了那個年代人們的非議，前任跟自己打官司，現任卻剛剛發生了爭吵，內外交困，對於一個女子來說，這個夜晚是多麼的難耐！

她不是貪圖享受的人，當初，為了圓父親的一個夢，她去當了演員，走上了銀幕，成為人人羨慕的明星。隨著聲望漸起，她美麗的容貌也招來了蜂蝶，這其中，不乏那些花花公子。畢竟，她是保姆的女兒，她的社會地位無論怎樣提高，也無法改變自己的出身。張姓男子的貪婪，蔡姓男子的懦弱，唐姓男子的濫情，都讓這個25歲的女子承擔著心理的重負。她無法擺脫張姓男子的糾纏，就像今天的公眾人物一樣，如果走上法庭，將隱私公諸於眾，她不知自己該如何面對世人。

最傷心的事過莫過於在遇到人生最大難題的時候，曾經喜愛她的男人此時玩了變臉術。在阮玲玉這個小女

《雨絲》曹鴻雁

子最需要關愛、最需要支援的時刻,唐姓男子卻與她發生爭吵,甚至還動手打她。不知當時與她同住的母親是否聽到了爭吵聲,只是後來,當她跟母親要求想吃一碗麵的時候,母親很快做好了麵,端給了她。

　　不知道她是如何咽下這碗放進了安眠藥的麵條的,想來,她的心裡一定很難受。疼愛她的父親離去了,丟下孤獨的母女二人,她靠著自己的辛勞,掙錢養家還養著男人,當唐姓男子走進她的世界,張姓男子又豈肯甘

休？不僅跟她要了兩年的費用，還要走上法庭控告她，事業和家庭的雙重壓力，將這個小女子擊倒。而擊倒的，不是她的身體，而是她的內心。

不管一個人如何強大，只要內心的支柱坍塌，無論如何都不會再支撐起來，如此，一個穿著旗袍的女子，不管多麼美麗，在勇敢地面對死神時，該需要多麼大的勇氣！

難以想像，那個穿著旗袍的女子，坐在燈下，寫著自己的遺書，闡述著自己死因時的決絕；那個裹在美麗旗袍中的女子，一定是含著淚水，吃完了母親做的那碗麵的；那個有著一櫃子旗袍的女子，一定在掙扎的片刻，無比留戀地看著自己那些精緻的旗袍……

阮玲玉出殯時，人們扛著她的棺木，上邊是她的照片，仍然一抹笑意，一款旗袍的衣裝。這個逝去的女子，因穿著旗袍的樣子，為世人留下了深深的印象。後來，據說女子們去電影院觀看她的電影，都穿上合身的旗袍，用以紀念這位心靈備受苦難折磨的女子。

雖然這個女子離去了，但她的表演才華卻無法泯滅。她留下的無數作品，都讓人難忘。直至今天，當我們憶起這位佳人，仍然對她的演技讚不絕口。從拍攝《掛名夫妻》開始，她圓了自己的電影夢。《故都春夢》和《神女》，

讓她的演技日臻成熟，如果說今天的電影需要票房來支撐，那時的阮玲玉就是最有票房號召力的演員。近十年的時光，讓阮玲玉成為家喻戶曉的演員，她也有粉絲，她是那個時代的明星。

可是，在動盪的年代，她所嚮往的生活並沒有實現，包括她的愛情。

當她穿著一襲華美的旗袍，與同事們相擁之時，沒有人相信她會自殺。她用旗袍的美，掩飾了自己的內心。當宴會上，那個最引人注目的女子，以一襲旗袍裝吸引一眾目光時，誰能想到，外表光鮮的女子，內心卻在滴血？

很多女子不滿足於自己的生活，可是，與阮氏比起來，至少還擁有真愛。即使穿著職業裝，緊張地外出打拼，不管是白領還是居家的女子，仍然可以著一襲旗袍，回想著舊日的時光，在楊柳岸曉風殘月時，與心愛的人卿卿我我；又或者，尋茶館一隅，彈起一首古箏曲，讓旗袍與音樂為自己帶來心靈的盛宴，穿過時間的隧道，回味古典的美，那一刻，時光駐足，美麗永存。

穿旗袍的女子，一定要在沉湎於愛人懷抱的時刻，將外在的柔軟與內心的堅強相融合，雖然阮玲玉也是那麼堅強的女子，可是內心畢竟是孤寂的，她扮演的那些

女子，不是被戕害的風塵女人，就是受盡淒涼的哀怨女
子。她的悲劇就像她飾演的人物，那些無緣的，那些悲
傷的，那些心高遠、命運卻不幸的女子，就像一個魔咒，
附在她的身上，到最終，卻是沒能躲得過命運的安排，
懷著滿腔的悲戚，曇花一現於世上……

　　花有花語，人有人的心事。懷君潛入夜，不都是美
麗的希冀，也有噩夢醒來，卻與塵世隔絕。一襲旗袍，
帶給人們的是優雅，而身穿旗袍的女子，留給世人的，
卻是不同的故事。

　　有些女人註定是這塵世裡的一道風景，
　　有些女人必然是這風景裡的一個故事。

《求知》曹鴻雁

　　阮玲玉的時代畢竟結
束了，她的美麗，她的勤
勉，雖然貴為影后，卻也
逃不脫命運的糾纏。她短
暫的 25 年時光裡，也曾經
有美好的追求美、追求愛
的日子，可是，單純的她，
卻被男人的謊言所欺騙，
成為他們的犧牲品。

在那個遙遠的婦女節，這個曾經穿著旗袍，戴著長長的珠鏈，鬢上插著一朵花的女子，隨著滄桑的歲月離我們遠去。留下的，就像《阮玲玉畫傳》那本書的封面上所寫道的「她比煙花寂寞」，即便如此，她仍然撼動著我們的心，因為，她曾經是那個時代最美的女子，也是最愛旗袍的那個人。

寫著與阮玲玉有關的故事，寫著屬於她的旗袍世界，我突然有所感悟：活著的人們一定要珍惜這世間的美好，穿著旗袍的女子更要珍惜擁有旗袍的時光，因為死亡，只能帶走憂傷。唯有活著，才能讓美麗永恆。

才情兼備四月天

　　那時的他們是多麼年輕，身側的男子清臞，深色的禮服，頭髮光亮，劍眉高聳，鼻翼堅挺，戴著的眼鏡架上是圓圓的鏡片，即使在現在，仍然也不過時的裝扮。他的身側是新婚的妻子，鑲珠的帽子下是長長的帶子，一款鑲邊的旗袍。雖然年代久遠，仍能看出旗袍的面料很好，應該是絲緞之類，據說結婚禮服出自新娘之手，那個年代，很少有人自己設計結婚禮服，而對才女林徽因來說，卻一點都不稀奇。

　　因為設計，讓她成為名人，而更讓人們記住她的，則是她的文字，還有她的那些故事。

　　透過流年的紗幔，我們品讀一個女子，建築大師也好，詩人才女也好，都離不開她喜歡的旗袍。從她的服

《思》曹鴻雁

飾裡，我們可以品出時光的味道，不是舊時光的黯淡，
而是一首耐讀的詩歌，詩裡，有一位穿著旗袍的女子，
鬆散的卷髮，邁著輕盈的步子，從遠處向我們款款走來。
彷彿，人間的四月天裡，那一束淡淡的紫丁香，遠遠地，
聞到了她的香氣，及近，卻又發現，不僅顏色好看，還
有這深深的內涵。這個溫婉的女子，除了林徽因，還能
有誰呢？

　　最早瞭解林徽因是在電視劇《人間四月天》裡，那
個跟徐志摩志同道合的女子，看上去很般配的女子，他
們一起讀詩，一起研討問題，他的《再別康橋》讓無數
人記住了他，還有她的故事。然而，並不如常人所期待，
林徽因竟然沒能嫁給徐志摩，這個結局有些出人意料，
按照當時浪漫的想法，真想將劇本修改，如果林徽因嫁
給徐志摩該有多好！因為彼時，張幼儀已經同意離婚，
徐志摩已然一身輕鬆，他未娶，她未嫁，有萬千個理由
讓他們走到一起，可是她並沒選擇他，所有的原因都被
一個事實所證明，她嫁給了梁思成──梁啟超的兒子，也
是後來的著名建築大師。

　　至此，我對這個女子產生了無比的敬重，從最初的
相依相伴到浪漫的文字，從他的一番苦心設計離婚拋妻
別子，到他始終追隨在她的左右，即使後來有了別的女

子闖入他的生活，他仍然內心裡依然愛她如初，可是她終究還是沒有選擇他。

也許，她的出身讓她看到了一個女子嫁給娶過妻子的男子，日子一定不會太好過；也許，他的浪漫讓她感受到了今後生活的不安定，詩人的浪漫情懷時時需要有新的愛的血液湧入；也許，她為了保持與他之間的那份純純的友情，不讓這友情染上一絲雜質。她就那樣嫁給了梁思成，成為專業上合作最默契的夥伴，成為中國建築史上著名的一對伉儷。

正如自己設計結婚禮服一樣，她對旗袍的領悟，已經不能單純地從一件衣飾去理解。

新婚蜜月，她與他在加拿大渥太華結婚，自己設計的旗袍款禮服引得無數人矚目。婚後，她隨著他去歐洲考察，所到之處，她外在的美麗與內在的氣質，在旗袍的襯托下，讓很多西方男女注目。即使在艱苦環境下，到邊遠地區搜集古建築資料，她仍然以旗袍的端莊形象出現。

古建築的簷瓦上，林徽因身穿旗袍與梁思成並肩靠在一起，身邊放著編織的涼帽。身後是古典雕塑，或許是工作間隙的小憩，讓他們留下了難忘的合影，雖然是

黑白照，足以說明他們的恩愛，而如此鍾情於古建築的
佳麗也是屈指可數。

　　因為鍾愛，而志同道合；因為熱愛，而甘於奉獻。
據專業人士介紹，林徽因與梁思成夫婦堪稱中國古代建
築研究領域的開拓者，建築與裝飾，是林徽因的主講課
程，清華園裡的學子，喜愛這位美麗與才華集一身的女
教授，讓他們難忘的，不僅是她所講授的課程，還有她
穿著旗袍，走進教室的一瞬間，帶給他們的視覺衝擊。

　　她也年輕過，在一群穿著旗袍款短襖長裙的學生中
間，她顯得成熟，而她自己，曾經是當年梳著辮子、同
樣穿著短襖與長裙的女子，她喜歡校園的寧靜，在湖畔
曉風吹送的時刻，也曾經憶起自己的童年和少女時代。
那時，她寫詩，他也寫詩，可是，隨著自己的成長，那
些風花雪月的日子，永遠成為了永恆。

　　她穿著旗袍的身影，定格在他的生命中，隨著時光
的流逝，他匆匆的人生，從此隕落。而她，則在辛苦操
勞後，患了重病，終於也離開了這個世界。留下的，是
她的詩歌，還有她的論文。而我，最懷念的，是她永遠
在領口結下的三個盤扣的旗袍。

　　她的寧靜，不僅因為她的人，或許還是因為她的
旗袍。

《雅室清韻》曹鴻雁

　　有人說她喜歡喧囂，所以，有了家裡的「太太客廳」。其實，「太太客廳」與寂寞無關，如果沒有學術上的成就，如果沒有她優美的文筆，如果沒有她溫和暖人的態度，守著一堆冷冰，縱有邀約，也不會有人喜歡自討沒趣。在這裡，可以談論文學、交流觀點、探討人生，因此，許多文人雅士都是這裡的常客。

　　一個優雅的環境，一款獨特的旗袍，配上一個靈動的女人，她不時地為你添上茶水，她能出口成章，她能

談出自己的觀點，她還是梁思成的妻子，當代著名的建築家。或許，這也是「太太客廳」的特別之處。

不要以為穿著旗袍的女子都是不食人間煙火的。這個看上去孱弱，有著仙女身材的女子，也食人間煙火。她也有自己的孩子，才女所具有的氣質，普通女人沒有；而普通女人能過的生活，她也能過。普通女人操持家務生孩子做飯，她也能。

她與孩子在花園裡嬉戲，仍然穿著領子上有三排盤扣的旗袍，晨風吹過，一絲寒涼處，高領外搭著一條絲巾，在風中飄動，與她的眼睛一樣，靈動而嫵媚。有如此母親呵護，那個孩兒該是多麼幸福。

這個穿著旗袍的女子不僅鍾情於建築，更鍾情於文字，她對詩歌的愛好，讓她與印度著名詩人泰戈爾結下了深深的友情。當泰戈爾來訪問時，她為他翻譯，可以想像，當時參加活動的人該有多麼幸運。一位穿著旗袍的女子，用詩一般流暢的語言，翻譯著名詩人的語句。她明淨的臉龐，淺淺的笑意，立領寬鬆的長旗袍，讓人們不僅感受著詩歌的唯美，更體驗了優雅的女性美。

無論有多少異國友人，她永遠是熱點，他們尊重她，不管多少人拍照，永遠留給她一個前排的位置。而她，則在一襲旗袍外，罩一件皮大衣，在冬季的寒風中，縈

嫈孑立，與其說孤傲而嬌媚，不如説，她像一朵臘梅花，盛放於寒冬，有梅的高雅有蘭的寧靜，像含苞的蘭花，不待怒放便已馨香滿室；又如戀人手中的玫瑰，滿是期待與夢幻，高貴與純潔同在，溫暖與清麗共存，為凋零晦暗的隆冬帶來暖意。

每一個人生都有自己的軌跡，我在搜集東北大學老建築的資料時，記起了中國第一位女建築學家，這位曾經在東北大學任過建築學教授的林姓女子，我為與她曾在同一座城市工作而自豪。當我即將結束這篇文章的寫作時，彷彿還有很多要寫的句子，而我的眼前，此時出現的不僅是林徽因的旗袍，還有林徽因與徐志摩連袂主演的戲劇《齊拉德》的臺詞，彷彿看到林徽因設計的《慳吝人》的全部舞臺佈景，我又一次為這位才女所傾倒。

總想聽那些旗袍的故事，而忽略了穿著旗袍的那些女子，與林徽因的邂逅，不只是書中的文字，還有夢中的旗袍，那份平靜，那份嫻雅，還有那三個盤扣的衣領，這些遙遠的人與景物，無一不讓我留戀……

《雅室清韻》曹鴻雁

詩韻年華總相宜

　　無論張曼玉如何給自己打扮成摩登的模樣，都擺脫不了人們對她的印象，這個印象就是電影《花樣年華》中的那個穿著旗袍的女子。

　　旗袍雖無言，穿在她的身上就變得靈動。她修長的身材，優美的曲線，一頭烏黑的秀髮，加上精緻的臉上那兩個淺淺的酒窩，粉黛略施，細長的丹鳳眼，一笑百媚生的樣子，竟然讓我忘記了她是現代的女子，她也可以穿牛仔褲，梳披肩髮；她也可以穿西裝套裙，剪上一頭細碎的長髮，再或者，穿上一款長風衣，繫上一根寬腰帶，再搭配一條絲巾，在頸項上飛揚，留給人們一副現代女神的印象。

　　可是，因為《花樣年華》這部電影，只要有張曼玉的消息，腦海裡註定是她的那些旗袍，雖然時間已過去很久，仍然有一個女子穿著不同顏色質地的旗袍，在身

邊走過，隨著流動的韻律，留下一個婀娜的背影，然後嫣然一笑，走向小巷的深處。當我們找到她時，卻看到又一幅景致：一處鮮花盛開的庭院裡，擺著石桌石凳，桌上擺著古箏和書，女子彈罷一曲，拿起了書，站起身來吟誦著書裡的句子：

東風夜放花千樹，更吹落，星如雨。寶馬雕車香滿路。鳳簫生動，玉壺光轉，一夜魚龍舞。蛾兒雪柳黃金縷，笑語盈盈暗香去。眾裡尋他千百度，暮然回首，那人卻在，燈火闌珊處。

時光退回到宋代，眼前的女子卻是身著旗袍，說得是帶有港味的普通話，於是，我們又看到了《花樣年華》裡的女子，伴著滿庭的花香，向我們走來，古典的氣息與現代的思緒在身邊彌漫開來，將曾經的那種孤寂化解在古箏曲裡，帶著一抹淺笑，回到了現實世界裡。

張曼玉電影裡旗袍的領子。無論哪一款，只要露出一點點，就會讓喜愛旗袍的女子心動。旗袍的領子，在旗袍世界裡至關重要。想來，為《花樣年華》設計服裝的設計師，一定對旗袍的衣領有獨到的設計方式，不然，這部電影演過了許多年，人們為何仍念念不忘那些旗袍，還有那些讓人引以為自豪的旗袍衣領呢？

　　讀書，可以記住一個人物；觀影，也可以記住一個人物，而讓人們記住一款服裝，則需要一定的功力。隨著時間的流逝，我們可能記不住電影故事的情節，卻能記住電影中的各種淋漓盡致的服裝造型，可見這部電影的服裝師下了莫大的功夫，才能取得如此的好效果。

　　且不論張曼玉這個女子是否有不食人間煙火的氣息，單是眉眼間的美豔，就足以讓觀看電影的人們為之傾倒，再加上旗袍這件利器，立即就有了殺傷力。似乎萬千尋覓中，唯有美到極致的這個女子，才是穿旗袍的最佳人選，窈窕淑女，笑靨如花，誰都無法抵擋住她的溫柔，舉手投足間，優雅千年。

　　有記者採訪張曼玉時，她說：「我在戲中穿了差不多 30 套旗袍，有花的、有素的、有深色的、有淺色的。這一穿就是穿了一年多。我非常喜歡我戲中的旗袍。」不只主角喜歡，我們也喜歡啊！有多少女子在觀看電影後，找到已經關門的服裝店，要求老闆：趕緊開門給我做一件旗袍。有多少女子為了一件旗袍，跑遍了大街小巷，卻仍然沒找到最中意的那一件，只好失望而歸。記得我當時找到了經常為自己做衣服的店主，讓她幫忙做一件旗袍，可是，旗袍做好後，因為不夠合身身，一直沒能如願地穿上。

　　旗袍必須要量身定做，每一個人的身材不同，買來
的旗袍也許會有誤差，影響了美觀，則達不到穿旗袍的
目的。也並非每一位女子穿上旗袍都會如張曼玉般美麗。
她瘦，雙肩細削，穿著旗袍時形銷骨立，有一種骨感美。
她適合各種色彩，無論華美抑或簡樸，她精緻的妝容都
能接受。當然，寫這篇文章並不是打擊喜愛旗袍的女子，
你可以穿旗袍，但一定要穿得美、穿出韻致、穿出
風采。

　　能穿出旗袍韻致的一定是高挑清癯，清秀而嫻靜的
女子，矮胖又渾圓的女子不適合穿旗袍。畢竟，美是要
付出代價的。每天暴飲暴食，又妄想有個好身材，然後，
穿上旗袍顧盼生輝……或許，這只是一個夢而已。

　　張曼玉的好身材是修煉出來的，她的食物以素食類
居多，加上在拍攝《花樣年華》時，曾經大病過一場，
本來就很瘦的身材，在大病後穿上旗袍，更加瘦削。在
穿上旗袍演繹人物時，竟然讓無數女子眷戀著，羨慕著，
後悔螢幕上那個女人為什麼不是自己？

　　除了修煉好身材，還要有一定的文化積澱。從小在
國外學習的張曼玉，是有文化水準的，因為積澱得多，
才能演繹好蘇女士這個人物。她能把握人物的內心活動，
不只是外表對旗袍的穿著，而是覆蓋在各種旗袍下的內
心。儘管她接受的西方教育也曾經讓個性張揚，但是，

《對弈》曹鴻雁

穿上旗袍，內心就會安靜下來。也許，旗袍的獨特妙用
就在於此。

　　看過幾場旗袍比賽，魚貫而出的模特兒，將兩手優
雅地端在胸前，前行的每一步都帶著節奏，她們面帶微
笑，從容不迫，觀看時，恍惚間，時光駐足，彷彿張曼
玉向我走來。於是，有了一種別樣的體驗──旗袍是帶

來美的一種香氣，只有賞識它的人才可以做到，比如張曼玉。

記不得是哪位大師說過：

旗袍是一種厚重的、老於世故的美，細瘦渾圓的衣型下最適合包裹一顆受著欲念和矜持雙重煎熬的心。所以，旗袍不適合用鮮豔的顏色，最經典的旗袍顏色是帶有一點悲劇感的，譬如陰藍、深紫、玫瑰紅、鵝絨黑。穿旗袍是要有資格的，這種資格不是年輕貌美，而是成熟的女人味，有足夠的人生閱歷，有收斂的外表與風流的內在，容貌上的垂老反而相得益彰。就這一點而言，旗袍這種服裝是值得尊重的。

如果用頓悟形容理解旗袍的感受，一點不為過。《花樣年華》裡的旗袍都是有色彩的，不論是花色的圖案，還是素雅的顏色，都與人物的個性相對應。在演員表演到位的同時，服裝這個有襯托作用的道具，卻在電影裡發揮了重要作用。所以我說，上述那段話就是形容張曼玉這樣的女子的，包括她演繹的那個人物。

因為電影，讓人們喜歡上了張曼玉，更喜歡上了她在電影中穿著的旗袍。看著電影裡的女主角，沒有一個男子不心動；看著女主角身上的旗袍，沒有一個女子不傾心。

因為電影，讓現代的女人們喜歡上了旗袍，找回了古典的愛戀。

當一部又一部帶有旗袍韻味的電影出現時，人們可能記不住劇情，卻記住了那些旗袍。

旗袍是有魅力的。這種魅力，是相遇時的一種吸引；是相知後的一份安靜；是喧囂裡的一抹風景。演員們賦予了旗袍生命，而旗袍，則為演員們帶來了聲譽。

旗袍展示了女子的美，也將一顆躁動的心掩藏。旗袍如曼玉般溫婉，又似一本翻開的書，耐讀，又總也讀不透。讀著，讀著，就會走進如詩的世界，看到更加奇異的景色。

楊士忠 攝影

〈天淨沙 · 冬〉

一聲畫角譙門，
豐庭新月黃昏，
雪裏山前水濱。
竹籬茅舍，
淡煙衰草孤村。
紫綺為上襦。

旗袍
時代

魅 力 國 裳 成 典 藏

王凱先生在《長衫旗袍裡的「民國范兒」》一書的
簡介中寫道：

> 這是一個色彩斑斕的時代，這是一個特立獨行的時代，
> 這是一個典雅從容的時代，更是一個有脊樑有氣節有
> 風骨的時代，當然也是一個飽受戰禍和災難摧殘的時
> 代。在這個時代裡，文人有文人的范兒，武夫有武夫
> 的范兒，名媛有名媛的范兒，市民有市民的范兒，藝
> 人有藝人的范兒，政客有政客的范兒。各種元素紛紛
> 出場，或時尚，或傳統，或智慧，或愚昧，或高尚，
> 或卑鄙，或光明，或黑暗，構成了一個多元的民國，
> 一個如今已然絕跡了的民國。

　　書裡雖然敍述的是民國舊事，卻用了長衫旗袍這兩種服裝的代稱，不僅寓意著當時具有代表性的服裝，更是對旗袍這一服飾的肯定。也許，提起民國，人們不自覺地就會想到旗袍，那些穿著旗袍的女子，或名媛，或藝人，或市民等等，由她們所構成的民國范兒。

　　從民國到今天，旗袍就是一道風景，走過了百年時光，無論歲月裡的安寧，還是喧囂；無論戰爭年代，還是和平時期，旗袍的清絕與傲然始終跟隨著不同身份、不同性格的女人們，不管是低首垂目時的含蓄，還是張揚外向時的孤傲，於哀婉淒美處，在萬種風情間，蕩滌著紅塵。洗盡鉛華，餘下的，在華麗轉身的瞬間，成為經典。

　　百年旗袍，無論如今被收入博物館展覽，還是在某位女子家中珍藏，都不同程度地代表著旗袍走過的時代，雖然變化多端，卻始終離不開原有的模式。以旗袍為主的旗袍文化，更加豐富多彩。從某種意義上來説，旗袍也代表著一種精神，或許稱「旗袍精神」更加貼切。

　　旗袍的流行，並不偶然。從旗人所穿的袍服，到上下兩節相連的文明裝，由狩獵方便而開叉，到今天為了活動方便的高開叉，不同的旗袍因為不同的時尚女子的需求，而進行著不同的改變。但是，萬變不離其宗，收腰，盤扣，始終是當代旗袍的特色。從宮廷到民間，當

旗袍盛行之時，無論如何，女子們也不會想到，旗袍文化的盛行，旗袍精神的流傳，竟然讓旗袍這一服飾經久不衰，且在百年之後得到女子們的無限喜愛。

第一次讀《宋氏三姐妹》這本書，並未對書中的女子有太深的印象，卻在多年後寫著這篇文章時，腦海裡出現的是三姐妹的合影，穿著旗袍，面色沉靜，神色淡定，曾經無數次地思考著這樣一個問題：究竟是旗袍賦予女子們更加有意義的生命？還是具有完美色彩的人生讓旗袍更有特色？即使這個問題不算很難，我卻不能立即找出答案。

是啊，究竟是旗袍的魅力，還是人的魅力起了作用呢？其實回答這個問題說難也不難。

宋氏姐妹的學養，讓她們在穿著旗袍時更有風韻，每個人都有不同的動人之處。宋慶齡的演講，宋美齡的講話，都以穿著旗袍的形象示人。在她們的才華之外，服飾的美也為她們加分。

旗袍，這一經典服飾，讓女子們感受到了生活美好，卻也會令人憶起那些哀婉的故事。1930 年的初冬，那個陰冷的季節，有一位女子的生命即將走到了盡頭。在兒子的哭喊聲中，她肝腸寸斷，卻沉著地換上了自己帶來的青布長旗袍，毅然地走向了敵人的刑場。

《韻意・二》陳霖

　　她不是喜好打扮的女子，卻在生命的最後一刻，換上了旗袍，可見，這個有著文化底蘊的女子，雖然面臨死神，仍然帶著尊嚴，那一襲青布的旗袍，定格了她的人生。多年後，一個偉大的男人為她寫下了「我失驕楊君失柳……」的名句，這個以旗袍紀念自己逝去生命的女子就是毛澤東的夫人楊開慧。

　　雖然他沒看到她逝去時的樣子，但她如花般的生命永遠綻放在他的心靈裡。他們一起度過的時光，讓他難忘。而為了民族利益，他必須放棄很多，也包括這個為他付出一切直至生命的女子。他的思戀和懷念，情真意切。

　　走過民國歲月，穿過戰爭的硝煙，旗袍流行的腳步開始放慢，女子與男子一樣穿起了長褲，或軍裝式或工裝式，很多女子忍痛割愛，將旗袍珍藏在衣櫥裡。唯一讓她們感到欣慰的是，在觀看與外事活動有關的報紙雜誌時，仍然能看到出訪的國家領導人的夫人們穿著傳統的旗袍，喜極而泣的同時，對旗袍倍加珍愛。

　　曾經當過翻譯的王光美，也是前國家主席劉少奇的夫人，1963 年 4 月，王光美隨劉少奇出訪印尼，開啟了新中國夫人走向世界的歷程。這次出訪，不僅向印尼人民傳遞了友誼，也讓人們記住了中國的旗袍。那一襲白色的旗袍，唯美、純淨，將中國女子的風采帶到了異域。

《韻意‧一》陳霖

後來的幾年裡，王光美隨劉少奇出訪了巴基斯坦、阿富汗和緬甸，每到一處，她都穿著旗袍，端莊得體的裝扮，受到所在國家人民的歡迎。透過旗袍這一服飾，讓中國的服裝走向了世界。

儘管「文革」十年，旗袍離人們漸行漸遠，但是，旗袍並未從我們的生活中離開，無數的女子心中始終裝著一個服飾的夢，一個復古的思緒，就是能夠穿上旗袍，讓國服繼續成為時尚的服飾，讓旗袍精神得以傳承。

旗袍，是真正紮根於女子心中的一種情懷，張愛玲小說裡女角的旗袍，不管是《小團圓》裡的九莉，還是《傾城之戀》裡的白流蘇，旗袍的美，牽動著女子們的心，正所謂「野火燒不盡，春風吹又生」，旗袍之所以經久不衰的魅力正在於此。

品讀旗袍，就像欣賞一位女子，在華燈初上的街頭，著一襲淺淡圖案的旗袍，走過川流不息的長街，引無數行人側目，卻無人能夠讀懂眼前的女子究竟在想什麼，她來自何方，又去往何處？想著的瞬間，車流湧動，只留下一縷回味，在心間流淌……

有時候，我慶倖自己是女人，能夠有機會穿上這繡著大朵牡丹的魅力國服，即使不在人頭攢動的十字街頭綻放，也會在自己的梳妝鏡前流連，裝點一季的好心情，

《韻意‧三》 陳霖

給自己的生活增添更多的色彩。即使煙花三月不下揚州，也會在小橋流水的片刻，凝視穿著旗袍的倒影，感恩父母贈予的生命，珍惜與世間所有人的相遇。

於是，這樣想著的時候，我開始羨慕一位女子，是她，讓旗袍這一古典的服飾賦予了嶄新的意義。也是她，讓全世界重新認識了中國的旗袍。

那一日的空中下著雨，他為她打著傘，兩個人款款走下舷梯。她穿著軍綠色的旗袍，外搭一件白色的小西裝，靚麗的軍綠與白色的西裝協調搭配，就像她的軍人氣質一樣，展露無遺。他們不僅相依相攜走下飛機的舷梯，更是以他的翠綠色領帶與她的旗袍搭配，讓世人無不羨慕這一對眷侶，和諧與完美，使這一道風景吸引了全世界的目光。

此後，無論是棕色的麻質旗袍，還是淺紫色的絲緞旗袍；無論是深藍色牡丹刺繡的旗袍，還是淡藍的青花瓷旗袍，她的所有衣飾都離不開中國特色，也無論搭配哪些飾物，都能展露中國旗袍的風範。立領，則挺拔；刺繡，則精緻。旗袍，這一古典而神秘的衣飾，不僅增強了時尚界的自信，更是引領了世界時尚的潮流。而這個讓全世界敬佩的女子，就是我們的第一夫人——彭麗媛女士。

　　當全世界再一次刮起中國風時，我們不能不感謝彭
麗媛。在 Louis Vuitton 曾經舉辦的一場女裝時裝秀上，
模特兒們穿著不同款式的中國旗袍出場，高挑的身材搭
配著大紅對襟的旗袍，矯健的步伐配以黑色打底金色的
刺繡，粉面桃腮襯著的竟然是暗紫色的中式小襖，不管
哪一種顏色，也不論何種質地，一律立領和盤扣，異彩
紛呈中，彰顯著中國旗袍的魅力。

　　我不能推斷出以旗袍為代表的中國時尚風還能持
續多久，但我能肯定的是，走過百年，旗袍，已經成為
經典。

　　旗袍的曲線美同樣也成為世間最美女子眼中的畫
卷，時而勾勒出蓮塘、荷葉，配以淡淡的粉色花團，在
夏日裡綻放，如同那個喜愛旗袍的女子，把這一季的經
典珍藏。當秋風乍起，裹上披肩，抵禦寒涼，卻不曾忘
記，那年的梅花，仍然開在心頭，就像輾轉百年的旗袍，
在心中珍藏。

時 尚 女 子 新 嫁 衣

　　曾經參加過無數次結婚慶典，婚禮上，那些新娘在典禮儀式結束後，都會換下白色的紗裙，換上大紅的旗袍裝，面料或絲綢，或織錦，精緻的鳳凰刺繡低調而奢華，完美的剪裁將新娘的纖體包裹，看上去溫婉迷醉而動人。

　　這樣的情景不僅在現代的婚禮上可以見到，即使在民國，仍然可以回味這樣華麗的場面。那些富家小姐出嫁時的壯觀，不只是幾箱嫁妝就能體現出來的豪華，更是因為新娘的一襲大紅旗袍，雖看不到鳳冠霞帔，卻在旗袍領口處發現了豪華的祕密，那是一款水晶珠鏈，晶瑩剔透的珠子，在大紅的旗袍映襯下，火紅中透著晶瑩，將一對新人穿連在一起。

在小説《候嫁》中，女角花紅出嫁的那一天，穿著大紅的旗袍，隨著轎夫抬著轎子的晃動，紅紅的衣飾將轎子的蓬壁上映下了亮麗的色彩。雖然出嫁的路是那麼艱辛，但是花紅的心裡仍然充滿了渴盼。當戰爭爆發，抬轎的轎夫悉數逃命，將新娘花紅一個人孤零零地扔在了郊外，這個身著大紅嫁衣的二八女子，並未畏懼地跑回家，而是衝出轎子，勇敢地跑到了鎮上──小時候自己曾經到過的婆家。

儘管戰亂讓花紅與新郎蘭亭天各一方，可是這個堅強的女子，從穿上大紅旗袍的那一天，就認定了自己是王家的媳婦，就有責任為王家的老人養老送終，一個穿著旗袍的女子，遵循著傳統，即使在以後的幾十年裡，她的生活並不如意，可是她仍然真實地活著，認真地對待身邊的每一個人。這樣的新娘，與她身上的旗袍是相配的。

從旗袍誕生的那天起，誰都不曾統計過，究竟有多少女子穿著大紅的旗袍離開父母身邊出嫁到夫家，去往一生前途未卜的夫婿家，從此後無論幸福還是痛苦，無論開心還是抑鬱，都要自己承受。在看似喜慶的背後，又有多少女子獨吞著生活的苦酒，她們忍受著生產的痛苦，又要付出辛勞地撫育子女，她們可能因為夫家的貧窮而要 頭露面地去工作，她們可能追求人格的獨立而外

出去打拼，她們可能得到了丈夫的寵愛，也可能受到家人的歧視和打罵。可是她們，從來都不會怨恨這大紅的嫁衣，而是將風光的一刻永遠珍藏在心底，因為命運不可預知，而旗袍無錯。

無論生活贈予人們的是快樂，抑或是憂傷，時光就像一艘船，終究會沿著生命的海岸向前行駛，這些曾經穿過大紅嫁衣的女子們，隨著兒女的成長，她們一天天老去，她們也會像自己當年一樣，為女兒穿上紅色的旗袍，將孩子們送到自己心愛的人身邊，只是，此時非彼時，現代的女子更加獨立，過往的一切不愉快也許不會再發生。

於是，我們看到了今天的婚禮上，那些美麗的新娘，洋溢著一臉的幸福，面帶著微笑，去接受親人們的祝福。婚禮的男女主角，沉浸在喜樂中，參加婚禮的親朋，則在慶賀之時，一睹芳容，仿若欣賞了一場又一場的盛裝表演。

大紅的錦緞旗袍，鑲著墨綠色的滾邊，用顏色的對比，襯托著紅花綠葉的搭配；一對紅色亮片刺繡的鳳凰，從旗袍的兩肩延伸到胸前，栩栩如生的樣子，翩然欲飛。高高的領口，嵌著三顆金色的珍珠，將服飾的奢華與婚禮的豪華恰到好處地融合在一處。袖口處，以一朵不惹人注目的牡丹花表達著對新人的祝福。這款長及腳踝的

《邀月》陳霖

旗袍，將新娘白皙的皮膚托襯得嬌嫩無比，如園中的花
仙子般惹人憐愛。尤其那一款三段式的波浪髮型，復古
而又時尚。淺笑間唇角上翹，修長的玉腿在裙擺下走動，
伸出的芊芊玉手，即使劃著了一根火柴，遞上一支煙，
都讓嘉賓感到愜意。此刻，婆家人欣慰，娘家人自豪，
如此優雅的女子，只有我家才能調教出來，於是，老爹
老娘的眉宇間，微笑漾起，皺紋裡，滿是盛開的花……

《清心》 陳霖

　　新娘的旗袍雖然沒有太仔細的顏色和款式之分，但
是為了彰顯喜慶的氣氛，女子們都會選擇紅色的錦緞，
加上黃色或者金色的點綴，這件大紅的嫁衣於是就有了
紅色與金色相映，紅色與金黃色相攜的靚麗色彩。再根
據個人的喜好，可以選擇長袖的、三分之二袖的、半袖
的、無袖的、坎袖的，等等，不同長度起到不同的作用。
長袖，遮蓋著臂膀和雙臂，只露出一雙玉手；短袖，露
出雙臂的一部分，沒有露出的部分，則充滿了神秘；無

袖，將雙肩露出，豐滿的身材則是渾圓的雙肩；瘦削的身材則是羸弱的臂膀。袖子長短不同，給人的視覺也不同。領口的設計上，也分圓領、低開領，甚至是一字領，無論哪一種領口，長長的頸項，則占了優勢；短頸項，只適合穿低開領或無領的旗袍。而無論哪一款，在繡著鳳凰的圖案面前，最有風采的仍然是民國的高領。

可以想像，那隻翩然欲飛的燕子，落在收腰處，長款、蕾絲繡花，或外罩一層歐根紗，隱隱的繡花輔以美麗的人，哪個新郎不會愛意更生呢？立體的剪裁，完美而修身，S 型的曲線，精美的飾物於一身，在新婚慶典現場，最吸引人的還是新娘的旗袍裝，尤其在喜慶的中國紅面前，哪一位嘉賓不喜歡沾染一些喜慶的氣氛呢！

演繹著宮廷風尚的旗袍，因氣場強大，展現出無窮魅力；那些改良的旗袍，花形對稱，右大襟上並排四個小盤扣，在大紅衣服的斜襟上搭配一抹淺黃或淡綠，將顏色形成對比。再戴一朵大花頭飾，握一把摺扇，邁著典雅的步子，悠悠然地款款走來，即使走出了婚禮現場，仍能看到纖手輕搭腰間的那個魅力新娘。杏眼靈動，顧盼間眼波流轉，那張生動的臉，在陽光下更襯出新娘的別緻。此時，多美的語言都不能形容出這份優雅，當高跟鞋聲遠去，人們希望這位剛當新娘的女子，一定會踩走歲月的喧囂，把寧靜帶進新的生活。

　　喜歡旗袍，卻在青春即將流逝的時刻，才當上了他的新娘。如此的女子，一定要選擇傳統的大紅旗袍。經典百搭，更顯穩重成熟，再配以金色的飾品，紅色的高跟鞋，戴上媽媽的傳家玉鐲，一定是靚麗的一道風景。旗袍上的刺繡，一針一線都凝結著繡工的辛勞，每一款刺繡的旗袍，都是一件藝術品，不僅可以讓新娘更加美麗，也會讓旗袍成為一份珍品。雖然價格昂貴，也有其華貴的資本。

　　參加過一位女文青的婚禮，在充滿文藝風采的婚禮慶典結束後，女文青換上了旗袍裝，邁著生動的步子為嘉賓敬酒，驚歎於她身上的旗袍，大紅的顏色，在胸前繡著一大朵暗紅的玫瑰，正是街上花店裡出售玫瑰的顏色，不覺讓人眼前一亮。及至近前，方才看清，原來這款旗袍選擇的面料不是錦緞也不是絲綢，而是亞麻。女文青平時喜好亞麻面料的服飾，或長及腳踝的罩衣，或短到膝蓋的外套，一律是亞麻的質地。此刻，選擇亞麻面料的禮服，便不足為怪了。有著文藝風情懷的女子，心裡是懷舊和復古的，透過衣飾體現，一股股清新之風彷彿吹過心頭，使人頓覺清爽而親切。

　　總有一種女子，本就面若桃花，生得嬌嫩，偏又喜好旗袍，在戀愛的季節，收穫著愛情，於是，早早地開始籌畫自己的新婚嫁衣。一款長袖旗袍，鑲上了金黃色

的貼邊，將淡淡的金黃色與暗紅色的底色拼接在一起，金色富貴，錦緞華美。最有特色的是盤扣，暗紅卷著金黃，雙色的盤扣獨樹一幟。對盤扣的藝術加工，將典雅的美展露。如此裝束再配上一雙十釐米的紅色高跟鞋，挽一縷黑色的劉海，掛上紅色的耳墜，朱唇輕啟間，似乎久違了的志玲姐的聲音從旗袍裡溢出，美豔而溫柔。待細長的雙臂舒展，一雙纖手輕梳一縷髮絲，風情萬種，一定是這世上最美的新娘。

一千個女人有一千張如花的笑臉，一千個女人卻不只有一千款新婚嫁衣，無論年輕抑或年老，每一個女子都有可能成為最美的那個新娘。無論選擇哪一種款式的嫁衣，卻都保留了時尚的中國旗袍。現代女子不缺買一件旗袍的專款，缺的是穿上旗袍的氣質。如何修煉好自己，才是人生的必修課。反之，只會感歎「只緣感君一回顧，使我思君朝與暮。我終生的等候，換不來你剎那的凝眸」。

休憩了三十年的旗袍，復蘇後終於在各種場合派上了用場。它用自己的嬌寵，贏得女子們的青睞。那些錯過旗袍時光的女子，在自己結婚時沒來得及穿上大紅的嫁衣，卻在子女結婚時身著旗袍，補上了當年的缺憾。

　　旗袍，對於一個女子來說，是深藏內心的祕密，是冰封過後一份與生俱來的冷豔。旗袍裝飾著生命，也裝點了人生。

　　有人說：人生有多少無奈就有多少遺憾，有多少遺憾就有多少美麗。那些錯過的、那些逝去的，那些如落英繁花般的歲月，若想重現，已不再可能，追憶人生，不如讓旗袍打扮人生，須知繁花落盡，唯有一世的美麗，方能告知人們，一個女子與這個世界的關聯，生命的色彩大抵也是如此。

名伶最愛底蘊深

　　有一種美深藏於心靈深處，有一種美流露在眉宇之間。透過藝術形象讓人們銘記於心的，是那些深受人們喜愛的藝術家。臺上的風采，台下的憂傷，誰人能夠讀懂？生旦淨末醜，那些女子們享盡了人前的風光，台下又是怎樣的一種情形？這個問題存於心中很久，終於有了答案。

　　很多女子都對民國時期的人們感興趣，不僅因為民國時期出現了很多明星，更有那些名伶女子，不僅外貌秀美，還因為她們心思細膩，或嫁給了名人，或是自己有了一定的社會名望。而更重要的一點是，她們都是喜愛旗袍的女子，從人到旗袍，再從旗袍到人，那些才貌兼備的女子們，在時光流轉之後，留下了無數的故事。

　　孟小冬，曾經是著名京劇大師余叔岩的學生，這位後來嫁給杜月笙的女子，小小年紀就成為上海乾坤大劇院的名角。因為扮相俊美、嗓音洪亮而出名，從藝之路可謂一帆風順。然而，這樣的女子在感情之路上卻不夠順暢。她與梅蘭芳因戲而生情，卻免不了終有一天，走向分手。

　　那時的她很傷心，看著自己的一些照片，回味著曾經的過往，不覺潸然淚下。少女時代，她的一身旗裝，看上去很美，稚嫩的妝容，卻無處不流露著純真；青春年華，與戀人的合影，她的一身旗袍裝束，讓她眉宇間的英氣流露出來，與觀眾們喜愛的那個「冬皇」融為一體，兩個人看上去珠聯璧合，怎一個好字才能形容此時的相依相擁呢！然而，卻好景不長，無可奈何花落去，幾番覆水已難收。看著眼前人，一汪清淚湧上眼簾，心痛可想而知。

　　這個女子，不僅在藝術上造詣很深，而且頗有文采。當她的恩師余叔岩去世時，她給恩師的挽聯裡寫道：「清方承世業，上苑知名，自從藝術寢衰，耳食孰能傳曲韻；弱質感飄零，程門執彎，獨惜薪傳未了，心喪無以報恩師。」傷心過後的感恩，讓世人唏噓。

　　她的演技，與當時的男角老生可有一拼，豆蔻年華，光彩照人。她與京劇藝術大師梅蘭芳同台出演的《梅龍鎮》、

《琴潤春色》　陳霖

《葉香》陳霖

《四郎探母》、《二進宮》、《游龍戲鳳》等,吸引了
無數的戲迷,成為轟動一時的佳話。且不論當年的那場
血案是否真假,但孟小冬的粉絲對她的傾心卻真實而誠
摯,即使名震上海的杜月笙也對她難以忘懷。

　　無論在日軍佔領後的北平,還是在上海的租界裡,
他始終惦念著這位才藝俱佳的女子,她對京劇藝術的執
著追求,讓他愛慕;她生活的坎坷,讓他憐惜。他給她
的信件,言辭懇切;他對他的關愛,她心裡感動。懷著
感恩之心,她毅然離開了舞臺,來到他的身邊。她與他

在一起拍的照片上，她穿著旗袍，他穿著中式服裝，雖然年齡有差距，卻仍舊成為一對伉儷。雖然彼時的他已患重病，她仍不離不棄，命運將她推到了他的面前，他承擔了責任，她放下了自己的孤傲。婚禮上，她一身面料上乘、式樣別緻的旗袍，給人們留下了深深的印象。

她的美，不僅美在聲音，更美在孤傲。她英俊的扮相，以及她蒼勁的音域，使她熬過了多年的磨練，形成了爐火純青的演技，時至今日，仍因沒能親耳聆聽到她的曲目而深感遺憾。

命運似乎並不垂青於每一個人，她美麗的旗袍裝尚被人們嘖嘖稱讚時，昔日上海灘的大亨卻撒手人寰，將她一個人留在了世界上。她已40多歲，青春年華逐漸遠離了她。她一輩子注重一個名分，可是得到這個名分沒多久，卻又成了孤家寡人。有一張她年老時的照片，仍然穿著旗袍，只是與少女時的照片不同，沒有前額的劉海，瓜子臉也變得越發的豐滿；少去了頭髮上的一朵小花，直鼻小口和有神的眼睛也發生了變化，絲質立領的旗袍已換成現代的面料，滾邊的領子和前襟也不復存在，只有那修長的脖頸，仍然讓人們憶起她與梅蘭芳一起拍過的那張照片。無袖的花旗袍，一對京劇名伶，歷史上的一段佳話，不知有怎樣的過去，也不知是什麼原因讓她們的舞臺風光不再。眼前只有老年時的孟小冬，仍然

穿著旗袍的裝扮，戴著眼鏡，挽起一頭秀髮，端莊文雅，冬皇的韻致不減。

與影迷友人通電話，提到了著名導演陳凱歌執導的電影《梅蘭芳》，不由記起了電影中的一個女子，她穿著紅色的碎花旗袍，外貌端莊，舉止文雅，性情賢淑。這位少女之時就嫁作人婦的女子，穿著旗袍的樣子很美，她的唱功也不簡單，曾經出演過《桑園會》、《武家坡》、《二進宮》和《三娘教子》等劇碼，也是京劇名伶。後來，遇見了梅蘭芳，經母親做主，成了梅家的媳婦。婚後相夫教子，賢慧持家，與丈夫更是恩愛與共，相敬如賓。這位女子就是梅蘭芳大師的夫人福芝芳。

她是一個勤奮的女子，不僅堅持文化課的學習，還向一位醫生的夫人學習手工編織，起早貪黑地給全家人織毛衣，尤其為丈夫織出了各種顏色的毛衣褲，這樣的妻子哪個丈夫不會關愛呢？能夠在正當紅時急流勇退，又能在艱苦的生活中勤儉持家教育子女，又有哪個妻子能做到呢？

梅蘭芳不願意為漢奸演出，她支持他；沒有演出，家裡的生活就不寬裕，她悄悄典當自己的首飾補貼家用。為了躲避漢奸的盤查，她給兒子們改了名字。艱難時刻，她鼓勵丈夫，使他拿起了畫筆，那些畫被喜愛他的觀眾收藏。穿著旗袍的她，在家裡忙來忙去，成為全家人的

《多醉》 陳霖

主心骨。世人都以為風光的梅夫人一定是過著富貴女人的日子，可是誰能理解抗戰歲月裡她的艱辛呢？家家都有一本難念的經，何況名人背後的那個女子！

　　不管生活多麼艱難，這個女子終於與一家人從困苦中熬了出來，雖然甘苦自知，卻也為身邊相伴的男人感到欣慰。也許，當她年老的時候，會憶起自己曾經穿著旗袍款的上裝，搭配著一條深色的裙子，手裡拿著一本書的過去。與子女在一起照的全家福上，她穿著旗袍，看上去樸素文靜，被譽為經典旺夫相。而我們所看到的，

則是在旗袍外穿著皮衣戴著小帽，與西裝的梅蘭芳在一起的親密，所謂郎才女貌，不過如此。

有評論說，男人既想擁有福芝芳，又想擁有孟小冬。而不拋棄，不放棄，正是福芝芳的優點。

喜歡一襲立領旗袍的福芝芳，纖長的手指輕撫胸前，短髮、長耳墜，落落大方。她愛孩子們，為他們付出了自己的一切，於是，給世間留下了那張最經典的照片——她穿著提花的半袖旗袍，黑色的半高跟涼鞋，在那個時代屬於比較時尚的一款，珍珠耳墜，簡潔俐落。五個孩子依次排開，她抱著最小的孩子，兩個男孩穿著長袍短襖，兩個女孩則相同款式的旗袍，齊耳的短髮，安靜地坐著，很乖的樣子，惹人憐愛。無論男孩女孩的小手都規規矩矩地放在該放的位置，男孩放在腿兩側，女孩放在膝蓋前。一直想探究，什麼樣的母親給予幼小的孩子如此好的教養？

提到梅夫人福芝芳，不能不提梅大師的原配夫人王明華。

那時他們正年輕，她與他形影不離。她瘦削的身材，穿著一款樸素的旗袍，旗袍穿在她的身上，有些空蕩，讓人聯想起她病弱的軀體。孩子夭折，不能再養育，讓她的內心脆弱。為了一家老小，她拖著病體離開家

門，卻客死異鄉。那個清瘦的穿著旗袍披著一款長巾的女子永遠定格在生命的畫框裡。可是，那個喜歡裝扮自己，經常去瑞蚨祥、謙祥益選購衣料的女子，那個衣服鞋子和配飾搭配得極其好看的女子，就這樣與家人陰陽兩相隔。

旗袍是一種服飾，也是裝點女人的一個門面。旗袍既是女子的傳統服飾，也是女子們滄桑歲月的見證。滄海桑田，物是人非，旗袍賦予著不同女子不同的人生；日月輪迴，萬物生長，旗袍與女人，組成了這個世界上曾經最動人、最傳統、最有韻味，也最感傷的一個個影像。無論如何，我們都應該珍惜相遇時的那份緣。

萬人傾慕終生迷

　　一座花園裡，兩位女子在對戲，一人穿著長衫、羽扇綸巾，風流倜儻，另一人穿著旗袍，端坐在椅子上，一把精緻的摺扇，遮住了臉頰。

　　這是民國時的一張照片，照片上的兩位名媛，一位是陸小曼，另一位則是唐瑛。陸小曼的名字人們耳熟能詳，唐瑛的名字則有很多人不夠熟悉。不過，如果時光回轉，追溯到幾十年前，這個曼妙的女子與陸小曼一樣，有著「南唐北陸」的稱號。不僅因為生於名門，也不源於外貌的高雅，而是因其生活情趣的別緻，對服裝的特殊演繹，給人們留下了極其深刻的印象。

　　世間女子，無不希望自己有才又有貌，才貌之外還有多餘的銀子打扮自己，儘管這個願望發自心底的美好，

卻沒有幾人能實現這樣的夙願。家裡經濟條件好，能夠穿金戴銀的的大小姐，可能外貌醜陋，或者缺乏修養，任性又不乖巧，難以得到可心人的愛戀；可能才美兼具，卻因生活困頓，當好小家碧玉已不容易。如懂英文、有家教，身材好，又有條件裝扮自己的女子，一定會引領一個時代的潮流，唐瑛才是這樣的女子。

今天的很多孩子都希望自己有個好父親，能夠縮短奮鬥的距離，但有個好父親，也需要自己去奮鬥，這一點其實很重要。唐瑛有個當西醫的父親，可以與上層社會有更多的交往，更重要的，是她本人的才華與社交能力。要知道，上流社會從來不缺花瓶和富家千金，唐瑛能夠在社交圈風光無限，大概就是因為她的才貌雙全。

細數那些與唐瑛有交集的民國公子，孫中山的秘書楊杏佛、宋氏大家族的宋子文、寧波小港李家的公子李祖法，以及後來的容顯麟，前兩位都因為種種原因被唐父所阻攔，但與李家結親，讓她擁有了可愛的兒子李名覺，雖然這段婚姻並沒走到盡頭，但兒子在藝術方面的成就，讓全世界華人又重新認識了這位名家的母親——民國時期的名媛唐瑛。

人們在回憶昔日時光的時候，眼前總會浮現出她穿著旗袍的苗條身影，尤其是那件旗袍，滾邊，繡著蝴蝶，翩翩欲飛；盤扣精緻，且有紅寶石點綴其間。精緻的裝

扮,加上甜美的嗓音,配以精緻的首飾,讓女子們羨慕,
男子們愛慕。據說,她非常注重外表的修飾,每次出門
前都要專注地打扮自己,即使在家裡,每天也要換三次
衣服,旗袍和西式服裝都會輪流著穿,居家或者外出應
酬穿旗袍,在家裡待客則穿著西式服裝,這樣的著裝風
格,不僅保留了傳統,也體現了對客人的尊重。今天的
女子,還有幾人能夠做到呢?

如果單純地追求服飾的美,也就罷了,值得一提的
是她的藝術造詣。她與陸小曼連袂出演過昆劇《叫畫》
和《拾畫》,還與文化界的一些名人一起演出了英文版
的京劇《王寶釧》,在當時的國內引起強烈的反響。很
多類似如今藝術節的活動,都會邀請唐瑛去當頒獎嘉賓,
她為自己贏得了名副其實的名媛頭銜。在藝術的道路上,
她不顧當時丈夫的反對,為兒子聘請老師學畫,才有了
後來名震世界的舞美大師。

今天的男子們娶妻的標準已不限於很久之前的小家
碧玉形,隨著女子們社會地位的提高,出得廳堂進得廚
房,成為男子對未來妻子的不二選擇。在幾十年前的那
個時代,唐瑛有自己專門的服裝製作師為她製作衣飾,
尤其那些不同款式不同面料的旗袍,讓她穿出了風采,
為本已活潑可愛的她贏得了更多的注目禮。而當她老年
的時候,仍能讓自己煥發昔日的風采,並在盡享天倫之

樂時，為自己的孫輩們做出喜歡的糕點，與先前的名媛形成了鮮明的對比。無論哪一個男子，都應該為有唐瑛這樣的妻子而自豪吧！

用今天的語言來形容兩個要好的女子，閨蜜兩個字非常恰當。唐瑛和陸小曼就是民國時的一對好閨蜜。寫到了唐瑛，怎麼能不給陸小曼寫上幾筆呢！

陸小曼這位具有名媛風範的女子，因為出身的緣故，曾經接受過最好的教育，不僅具有語言天賦，兼有藝術特長，繪畫和彈琴都是她的強項，名師出高徒，不能不感謝劉海粟等大師對她的指教。

她是才思敏捷的女子，又有著清麗的外貌，良好的家世。她穿著旗袍的樣子，讓當時參加婚禮的女子都豔羨得言不由衷地對她大加讚揚。而她的這些閨蜜絕非普通人家的女子，不是民國要員的女兒，就是來自英國的尊貴小姐，所以，她能成為當時的社交明星一點也不奇怪。她的第一任丈夫王庚，畢業於清華學園和西點軍校，與美國將軍艾森豪是同學，不僅學養豐富，更是少有的文武全才。當陸小曼與王庚結婚時，他們的婚禮轟動了全城。然而，王庚雖然是民國第一帥哥，卻因為工作的忙碌不能隨時陪伴在陸小曼身邊，當這個精通書畫與音律的女子遇到新月詩人徐志摩時，頓時擦出了愛情的火花。

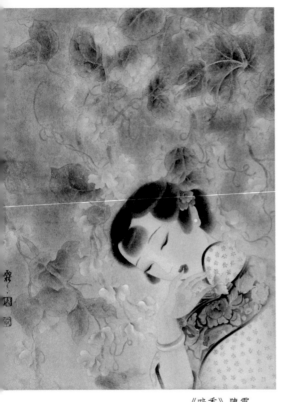

《暗香》陳霖

陸小曼與徐志摩，一個想衝出婚姻的藩籬，一個想投入愛人的懷抱。可是她畢竟是有丈夫的人，怎麼能輕易地與詩人結合呢？那時的她，穿著豔麗的旗袍，坐在房中沉思，卻不巧這心事已被丈夫窺破。王庚是何等胸襟的男子，雖然萬般不舍，卻毅然與陸小曼離婚。不久後，陸小曼如願嫁給了徐志摩。在文人雅士悉數到場的婚禮上，陸小曼的旗袍裝再次引起了時尚女子的關注。

在這兩對婚姻中，最讓人佩服的是王庚。他像託付自己出嫁的妹妹一般，對徐志摩說：「我們大家都是知識份子，我縱和小曼離了婚，內心並沒有什麼成見。可是你此後對她務必始終如一，如果你三心二意，給我知道，我定會以激烈手段相對的。」有這樣的前夫給自己撐著婚姻的另一片天，陸小曼這個穿著旗袍的女子是多

麼的幸福！不管她與徐志摩的日子過得是否如意，但是王庚的氣度即便在當代，仍然沒有幾人可比。只可惜，他在赴國外訪問的路途中，病逝於異域，無法再接續一段關於他的故事。

陸小曼與徐志摩的結合，看外表很相配。他穿著長衫，她身著旗袍，兩人不是流連於花前月下，就是在田間徘徊，呼吸著鄉野的清風，她棉質的旗袍外搭著毛披肩，給人一種質樸的感覺。無論如何，也不會跟那個傳說中最奢華的女子聯繫起來。

他出事的前一天，據說她發脾氣打壞了他的眼鏡，可是就在她餘怒未消時候，卻傳來他所乘坐的飛機失事的消息。她後悔、自責，她想跟他檢討自己，可是他已聽不到。從此後，那個曾經喜歡喧鬧的女子，躲在房間裡不再見人，雖然她已知錯，可他卻再也聽不到。她知道，自己終於因為任性而付出了代價。

同為穿著旗袍的女子，同是婚禮上吸引人們目光的款款旗袍，兩個女子卻有不同的命運。唐瑛的人生圓滿，兒孫滿堂，過著無憂無慮的生活；陸小曼雖然實現了自己的愛情理想，卻不得始終。

每個人都守護著自己的幸福，幸福的方式很多種，每個人的感受也不盡相同。一對才子佳人的理想婚姻，

《暗香》陳霖

如果出現了意外，總有一方會徒增煩惱。人生浮沉，婚姻中的兩個人如何能預料得到呢？

　　與陸小曼相比，徐志摩的前妻張幼儀則活得更加精彩。雖然她不符合他理想的妻子形象，卻為他生了孩子。與一般的女子不同，離婚的她，並沒有像一些婦女一樣找他的麻煩。沒要求他贍養，也沒在人前人後說一句他的缺點，在異國他鄉，她挺過了艱難的歲月。在那個西

萬人傾慕終生迷
135

式的國度裡，她穿著鑲著貼邊的旗袍，來往於陌生的街道，在遙遠的國度裡如饑似渴地學習，為自己充電，終於成為後來的職業經理人。

張幼儀在哥哥的幫助下，擔任了銀行的總裁，成為金融界人士。那時的女子，能據此職位的，可謂寥寥無幾。即使今天，女銀行行長也屈指可數。然而，她並不滿足於銀行的業績，又投資成立了打造高端服飾的服裝公司，在為社會名流提供衣飾服務的同時，她的人生也像櫥窗裡的旗袍一樣，鋪展開華麗的一章。

以一個女子柔弱的雙肩，她不僅撫育兒子，還瞻養著他的家人。世間哪一位女子在被丈夫拋棄後，竟然不究過往，一如從前般地善待那位負心人的親人呢？唯有她做到了。這個穿著旗袍，並為諸如唐瑛與陸小曼等提供華服的女子，可謂外貌與內心都追求唯美的奇女子。

寬容他人，才能贏來友情；善待自己，才能戰勝內心的浮躁。人生的境界，就是一場寬容的盛宴。寬容，不僅是一種善良的表現，也是一個文化人的素養。無論遇到什麼不開心的事，無論遇到多麼不堪忍受的人，先去尋找一個讓自己原諒對方的理由，這個理由就是寬容。寬容不只是給對方一個機會，也是給自己一片天，張幼儀就是一個很好的例子。

　　走過歲月，心境越發淡然，更有一種淡定的從容。所謂幸福，正是一種內心對歲月的感知，感知的程度不同，幸福的幅度也不同。真正的旗袍女子，不僅美在外表，更讓內心充實。因為生命之花終究會凋謝，給自己一個幸福的理由，無論花開花落，聚散之間，總有一絲馨香留在心間。

曾經的歲月女子

　　依稀往事如夢般不時在眼前浮現。不管那天的景物是否能讓見過她的那些人們留下些許的記憶，但是那段相思與故事，卻令人難忘。無論回憶裡是否有等待的玫瑰，無論那一季的鮮花究竟為誰綻放，這一切都已不再重要，唯有夢中的旗袍女子，最是讓人念念不忘。

　　她有著傲人的身材，更有著粉面桃腮的妝容，斜倚小橋邊，她的粉色旗袍為她增添幾分亮色。旗袍下的鑲邊，帶有提花的圖案，在陽光下閃光的絲質面料，一條絲巾長及腰間，讓她成為搖曳多姿的女子，雖安靜，卻看到了複雜的內心。她外表的風光下，雖不曾迷失老上海的一縷風情，卻也憂思滿懷，幾分清愁幾許無奈，似繽紛落下的花瓣，灑落一地。風起，花舞，如她的命運，起伏不定。

她就是蝴蝶，那個原來名叫瑞華的女子。

蝴蝶 16 歲那一年，在中國第一所電影演員培訓學校學習，從此後走上了演藝之路。她勤懇的工作態度讓她在演藝事業上順利地朝前走著，她的小酒窩可愛得讓無數男子癡迷。當我查閱蝴蝶電影資料時，一連串的電影名讓我驚訝。她出演過無聲影片，更是中國有聲電影的第一人。橫跨於無聲與有聲之間，蝴蝶的電影不僅在國內引起轟動，同樣引起海外熱愛電影人士的關注。

在《大俠復仇記》、《女偵探離婚》、《血淚黃花》、《火燒紅蓮寺》、《桃花湖》、《碎琴樓》、《歌女紅牡丹》、《落霞孤鶩》、《戰地歷險記》、《自由之花》、《啼笑因緣》、《滿江紅》、《美人心》、《空谷蘭》、《夜來香》、《劫後桃花》、《孔雀東南飛》、《春之夢》等近百部影視劇中，她扮演過母親、教師等各種角色，無論演繹富貴人家的女子還是窮苦的勞動人民，她都能傾盡全力展現自己的才藝，贏得觀眾的讚譽，成為與阮玲玉同時期的電影皇后。

她當紅的時候正是旗袍的鼎盛時期，不管是貴重的華服，還是樸素的布衣，穿在她的身上，總是帶給人們一種清新的感覺。她的穿戴打扮，在當時始終是最時尚的前沿。那些首飾的形狀，讓許多女子紛紛模仿；她的旗袍款式，一直是愛美女子的最愛。就像今天仍有許多

《清音》陳霖

女子去商店買了自己喜歡的衣飾，卻又為了省錢，將店裡的衣服買回來，立即奔向服裝店，讓心靈手巧的裁縫將樣子模仿下來，再費盡口舌地退回商場一樣，估計當時也會不乏這樣的女子，仿造她的穿衣風格，做出適合自己身材的旗袍。可是，她們不知道，即使模仿了蝴蝶的衣飾，卻模仿不去她的神韻。

張恨水曾經用紅樓夢中的人物讚歎道：「為人落落大方，一洗女兒之態。性格深沉機警爽利，如與紅樓人物相比擬，則十之五六若寶釵，十之二三若襲人，十之一二若晴雯。」張先生是想用一種最適合她的語言來形容，可是卻沒找到那麼恰當的語句，也只好用不同的人物進行比擬，只是這三人在紅樓夢一書中，都是那麼美麗溫婉的女子，凡是讀了這本書的，無人不喜愛這幾位人間尤物。這位寫出許多名著的作家以如此濃重的筆觸讚揚一位演員，可見，蝴蝶當時的社會名望之高，非尋常人可比，沒有一定的演技和好人緣，怎能得到大師的讚譽。

女子最美不過出嫁時，蝴蝶的幾段情愛故事裡，都離不開旗袍。

這位中原移民的後裔，穿著旗袍出嫁，盛大豪華的婚禮，讓同是演員的夫婦二人受到當時媒體的熱捧。可是，相愛時光總是短暫，隨著丈夫投身商界，生意的失

敗，也讓兩個人的感情出現了危機，昔日的戀人，各奔東西。當商人潘有聲愛上蝴蝶後，兩人的婚禮上，蝴蝶仍然穿著旗袍款的婚紗，頭上的裝飾也很別緻，手裡的鮮花讓人聞到了淡淡的花香。新郎穿著西裝，手裡拿著白手套，中分的頭髮還有濃眉劍目，看上去精明強幹，而兩人在一起，看上去年齡相當，男子帥氣，女子秀麗，依偎在一起的樣子，讓眾人驚歎。

沒有哪一個男子能夠抵擋住她的魅力，即使軍統的頭目戴笠，也不會放過這樣一個美貌的女子，儘管她已經嫁人生子。雖然拒絕了日方拍攝電影的邀請，卻因家中財物丟失，沒能躲過戴笠的糾纏。都說戴笠兇殘，但在影后面前，他也充滿了柔情。一身戎裝的戴笠，雙目炯炯有神地看著眼前的女子，也曾不惜代價幫她購置了很多首飾，讓她充滿了感激。如果不是發生了意外，這個生活於戰亂中的女子，也許仍會穿著華貴的旗袍與他走進結婚殿堂。只是人算不如天算，歷經艱辛，輾轉數月，她終於回到了丈夫身邊，才有了後來的蝴蝶牌暖水瓶。

這位有著「亞洲影后」之稱的女子，一生鍾愛旗袍。當年華已逝，生命的蠟燭燃盡，安然逝於加拿大溫哥華。與阮玲玉不同，她選擇堅強地活了下去，讓生命在銀幕

上大放光彩。那位穿著一身旗袍，挽起秀髮，端坐在一輛車上的女子，她的身影與我們相距越來越遠……

評劇《花為媒》裡的張五可，是曾經觀賞過的劇目裡我最喜歡的一個人物。她與趙麗蓉飾演的阮媽演出的一曲《對花名》，即使今天憶起，仍能哼唱出其中的音調，雖然兩人都已離開了這個世界，但是她們的藝術形象仍然讓無數觀眾讚不絕口。

《花為媒》中追求婚姻自由的五可，上身穿著旗袍款的夾襖，下著長裙，頭上的髮飾隨著唱念之間晃動，把那個年代的故事與觀眾分享。藝術上的靈氣和美麗的外貌，讓扮演張五可的新鳳霞成為評劇曲目中最有觀眾緣的演員。而她與戲劇名家吳祖光的戀情，更是為世人稱道。

一個是當年的戲劇神童，一個是舞臺上的美麗女子，他的作品深深感染了他，她的聲音讓他迷戀。對藝術的共同追求，讓他們走進了婚姻的殿堂。他從香港來，西裝革履，自是一番洋派的舉動，雞尾酒和自助餐，別樣的婚禮，即使在今天也極為罕見。而她，原本要穿婚紗，卻在一瞬間改變了主意，婚禮上，展現在親朋面前的是紫色的旗袍灰色的背心，穿上一雙黑色半高跟鞋，看上去更加亭亭玉立，正是他最美的新娘。

《醉花香》陳霖

後來，因身體衰弱不再登臺演出，作為白石老人的愛徒，她在他的鼓勵下開始了繪畫與寫作的生涯。她的畫作，猶如刮著淡淡的鄉野之風，幾千幅花鳥各有千秋；她的文章，文風質樸，讓讀者們領略了一個藝術家的從藝之路，雖然被病痛折磨了二十年，她仍然筆耕不輟，創作了《新鳳霞賣藝記》、《我和皇帝溥儀》、《評劇

皇后與作家丈夫》、《舞臺上下》等 29 部作品。她曾經
不認識字，但在劇作家丈夫的幫助下，創作出幾百萬的
作品，堪稱奇蹟。

　　從穿上旗袍走進婚姻的那一刻起，他始終遵循著對
她一生負責的諾言，相濡以沫，共度風雨人生。從年輕
時代，到耄耋老年，傾心相許一生，執手相攜一世。靜
待花開花落，收穫人生的快樂，正是旗袍女子贈予人們
的啟示。

　　那些穿著旗袍與愛人花前月下的女子，不僅將一顰
一笑留在了記憶的深處，也將紛繁的人生故事留在了過
往的歲月。無論是生活中穿著旗袍的電影皇后，還是戲
曲舞臺上的名家，旗袍對於她們來說，都體現著一種唯
美的表達，她們的生活受到人們的追崇，她們的事業與
大眾的喜好息息相關。而在現實生活中，因為扮演了不
同時代穿著旗袍的女子，而受到追星族的寵愛，仍然是
穿著旗袍，渾身散發靈動氣息的女子。

　　電視劇《傾城之戀》的熱播，讓我們認識了一個傳
奇女子白流蘇，更記住了穿著不同款式旗袍的女子陳數。
於是，在以後的影視劇中，只要有陳數的戲份，都會關
注。即使正在忙碌，也要一睹佳人的旗袍風采。

　　陳數外貌清麗，身材唯美，穿上旗袍極有韻致。她所飾演的白領蘇，在海內外觀眾的心裡沒有任何人可以替代。合身的裝扮，加上人物的內心，讓她贏得了觀眾的喜愛。電視劇剛一播出，那些愛玲迷即開始熱捧，一部《傾城之戀》，讓陳數成為最讓人回味的旗袍女王。

　　及至後來，在其它影視劇中，陳數塑造的人物多是穿著旗袍的女子。《日出》中的陳白露，《新上海灘》中的方豔芸，雖然地位卑微，卻以極強的生命力周旋於舊上海那個花花世界裡。她的沉鬱與憂傷，她的典雅與喜怒，都演繹在她的戲裡，一個個人物形象栩栩如生，一件件旗袍華美無缺，臺詞與聲音的巧妙結合，成就了她所出演的最完美的形象。

　　旗袍，只是一件衣飾，穿在不同的人身上，體現著不同的美。無論明星還是平凡女子，穿上旗袍，心裡總有一種自豪。從十里洋場的燈紅酒綠，到寂靜小巷裡的斑駁落痕，旗袍女子散發著神秘的韻味，因為風情萬種，而浪漫迷人；因為靈動感性，而交相輝映；因為內涵深刻，而從容大度。在搖曳多姿的午後，閑看一池的睡蓮，旖旎之時，盡是香風襲人……

楊士忠 攝影

〈天淨沙・冬〉

一聲畫角譙門，
豐庭新月黃昏，
雪裏山前水濱。
竹籬茅舍，
淡煙衰草孤村。
紫綺為上襦。

韻香
旗生

尋找原味的幸福

　　最要好的一位姐姐要出國，去到大洋彼岸，半年才能歸來。在鴻咖啡，我們十年的好姐妹一起聚會，借著咖啡廳裡曖昧的燈光，我發現，我們三人都已不如從前那樣瘋魔，多了幾分沉穩，多了幾分安靜。就像穿著旗袍的女子，不會做運動健將賽跑的姿勢，亦不會穿著旗袍去登山望遠，坐在這裡，看著眼前越發精緻的兩位女子，不由憶起那些過往歲月裡的她們穿過的剪裁合身的旗袍。

　　如果用「碧水築靈魂，平淡見心情」這樣的句子來形容穿著旗袍的那種美，我認為一點也不為過。尤其是名叫慕容的姐姐，曾經寫過的富含哲理的美麗文字，從那裡，我閱讀著慕容那平淡如水的心緒以及洋溢在生活裡的那種編織的心情，讓我們「對待友情如同織毛衣，

只要有一根綿長的線，只要有一份平心靜氣的心情，只要有興致不懈地織著，就有一份美麗在等著你……」於是，生活的這幅畫和友情的這幅作品在慕容的筆下栩栩如生地展現在我們的面前。就像她的旗袍，無論花色還是面料，都能透過剪裁恰到好處地展現出來。

旗袍的花色有很多種，常見的圖案為青花瓷，白底藍色的花，或以古瓶的形狀或以細淡的花紋曲線，白得潔淨，藍得深沉。就像歌中唱道的那樣：

「素胚勾勒出青花筆鋒濃轉淡／瓶身描繪的牡丹一如你初妝／冉冉檀香透過窗心事我了然／宣紙上走筆至此擱一半／釉色渲染仕女圖韻味被私藏／而你嫣然的一笑如含苞待放／你的美一縷飄散／去到我去不了的地方／天青色等煙雨／而我在等你……」

「天青色等煙雨，而我在等你」不僅唱出了青花瓷的意境，也唱出了人的心意；不僅是江南的煙雨迷蒙，還有穿著青花瓷圖案的旗袍女子，似乎打著一把雨傘，站在小溪邊，靜靜地聽著泉水的聲音，又似彈著古琴，傾訴

《聽笛》楊磊

柔腸之曲，把一種意境贈予欣賞她的那個人。所以佩服方文山的文采，不僅將青花瓷這個古典的物件研磨，還將其寫出優美的詞，再經周杰倫譜曲演唱，真切地流傳下來，傾倒了無數人。

喜歡青花瓷，更喜歡水墨畫。旗袍上的水墨畫，是穿在身上的藝術品。水墨畫一般在宣紙上進行畫作，將其織於布料中，並用於旗袍的選材，別有韻致。水墨畫的美感，不同色彩的渲染，濃淡總相宜的藝術效果，讓水墨畫成為旗袍中的一朵奇葩。墨即是色，在布料上作畫，用繽紛的色彩裝點旗袍，無論是唐宋的山水，還是現代的花鳥，水韻墨章的效果皆在幾尺布料上顯現，水乳交融與酣暢淋漓的藝術，在視覺上增加了美感，所謂氣韻生動，不僅唯美，且有境界，超越了宣紙的意境。

穿在身上的一幅畫，不管走到哪裡，皆為女子增色。流動的畫，有韻律的美，山水與花鳥，都令人賞心悅目。梅的風骨、荷的風姿、蘭的清香、菊的奔放，都在一筆一劃間刮著中國風，尤其水墨暈染的布料，更是如雲霧般蒸騰，在霧色裡在變幻中越加蒙上一層神秘的色彩。

旗袍的花色不只局限於顏色，還有很多花樣。鑲邊的旗袍選擇與旗袍本身不同的顏色，增加了美感；滾邊的旗袍富有創意，使旗袍看上去更加精緻；繡花的旗袍，更加細膩；貼花的旗袍，花與旗袍融為一體，增加了旗

袍的動感。只是可惜，最有名的如意頭已經失傳，即使是精於旗袍製作的老裁縫也不能做出如意頭的花式，讓這世間又少了一種欣賞美的機會。

不管是新娘裝，還是平常女子的旗袍，都以錦緞、絲綢為主要面料，再輔以棉布與亞麻的面料，經過旗袍師傅的巧手，製作出各種不同款式的旗袍，搭配以傳統的或者現代的圖案，異彩紛呈處，牡丹花的富貴、玫瑰花的愛戀、臘梅花的堅韌，都體現在旗袍的面料上，為穿旗袍的女子解密著花語。尤其手繪的山水，暈染的寫意，將東方女子的優雅與含蓄表現得淋漓盡致。絲絨面料尊貴、溫暖，適合年齡稍長的女子，徒增穩重成熟之感。棉布與亞麻面料雖看上去不夠華貴，卻樸素有加，面料的透氣性很好，價位上經濟實惠，讓習慣了大家閨秀的女子一享小家碧玉的溫潤。

如果說面料與花色是旗袍的根基，剪裁與製作則是旗袍的門面。合身的剪裁，不僅要求旗袍正面的前後片要適合身材，側面更要注重收腰的效果，將腰身的曲線突出，使穿旗袍的女子看上去身材纖長，更加嫵媚耐看。

趙朴初先生曾在雷潔瓊的婚禮上賦詩一首，詩中寫道：「參差兩兩好安排，嘉禮從今美例開。越粵人才誇璧合，前稱周許後嚴雷。」嚴雷指嚴景耀和雷潔瓊，周

《凝盼》楊磊

　　許指魯迅和許廣平。嚴景耀與魯迅同為浙江人，雷潔瓊
與許廣平同為廣東人，趙老的這首詩寓意兩對夫婦既情
投意合又珠聯璧合。詩中提到的雷潔瓊與許廣平兩位女
子，都是民國名人，兩人也以喜穿旗袍而著名。「雷潔
瓊身材頎長，喜穿旗袍，渾身上下洋溢著蓬勃的朝氣。
嚴先生與她同齡，也是風流倜儻的英俊小生，可謂天作
之合」，這是王凱先生眼裡的一對佳偶。在一張魯迅先

生的全家福裡，許廣平穿著棉布格子圖案的旗袍，眉宇間的堅毅與質樸的旗袍形成鮮明的對比。名人與旗袍，穿出了神韻，才是旗袍剪裁的妙處。

旗袍是女人心中的一個夢。從旗袍的開襟上可以看出，愛美的女子，都喜歡旗袍的開襟。穿上如意襟的旗袍，幻想著自己的夢想會早日實現；穿上琵琶襟的旗袍，無形中多了幾點藝術氣息；穿上斜襟的旗袍，美感頓時昇華；穿上雙襟的旗袍，肩部的渾圓曲線不經意間暴露出來，不管是哪一種開襟，既保留了旗袍的流暢感，又使身材變得更加豐滿，在不經意之間流露著優雅的氣質。細膩處，清麗可人；唯美處，婉約精緻；典雅處，光彩照人。如此的夢幻，唯願置身其中，體驗身臨其境的感受。

《荀子·君道》裡說：「楚莊王好細腰，故朝有餓人」，女子的楊柳細腰成為君王的喜愛，於是很多女子為了贏得君王的喜愛而保持身材，不思飲食。現代的女子，為了保持身材，可以鍛鍊身體與節食相結合，練成一個好身材，不是不可能。誰不想有著曼妙的腰身，玲瓏的曲線，穿上美麗的旗袍，成為如花的女子。萬紫千紅中最鮮豔的一朵花，經常最引人注目；華美家族中最珍貴的那朵牡丹，一定讓人們喜愛。正如女子們的凸凹曲線，在旗袍的包裹裡出落得更有風韻，東方女子的圓潤精緻

《靜依芬芳》楊磊

以及低調的奢華，在不經意間達成了完美的再現。

「歸來池苑皆依舊，太液芙蓉未央柳。芙蓉如面柳如眉，對此如何不淚垂。」

　　穿旗袍的女子，不僅身形如芊芊楊柳可以穿出風采，即使豐滿的腰身，穿上旗袍仍然能夠遮住缺點。旗袍的盤扣和領口及袖口或者開叉都有很多裝飾，巧妙地扭轉了人們對女子體型的關注重心，但是形體的胖瘦一定要適度。太豐滿，則穿不出楊柳的風姿；太孱弱，則弱不禁風，沒有風骨之貌。唯有身材適中，胖瘦適宜，打扮起來妝容精緻，富有成熟美感的女子，才能配得上那一款手工精巧的旗袍，讓本不自信的女子從此信念堅定，為了一個美好的目標改變自己，回饋生活的厚愛。

　　喜歡旗袍，也喜歡穿著旗袍的美麗女子。長款旗袍，讓她們穿出了動感，隨著身體的律動，如水的波動一

般，從心裡到外在，洋溢著美感；短款旗袍，則穿出了
幹練之美，如夏夜的清風，給人一絲涼爽的感覺。旗袍
無論長短，都有著自身的美感，長則高開衩，短則低開
衩；美腿玉足，都在開叉的若隱若現中，性感靈動，有
東方女子的綽約風采，有傳統與現代女人的智慧和靈氣，
用文字是描繪不出來的，唯有真實的影像才能讓人們深
入其中，感受那種風情和高雅。

　　旗袍女子自有其風采與神韻，毛彥文即是其中一
位。這位金陵女子大學的高材生，本來鍾情於自己的表
兄朱君毅，卻被以近親為由解除了婚約；多情才子吳宓
為了追求毛彥文，與自己的妻子陳心一離婚，卻遭到了
毛彥文的拒絕，始終沒能將愛戀進行到底。才女毛彥文
最終嫁給了前北洋政府總理熊希齡。在她與熊希齡的一
張合影照片裡，滿頭白髮的熊希齡穿著長袍馬掛，毛彥
文穿著長款短袖旗袍，自有大家女子的風範。

　　去商場買衣服，很多女子都有被營業員冷落的經
歷。不是營業員嫌貧愛富，以為來的女子買不起那件
昂貴的衣衫，實在是因為那件衣衫不適合眼前人穿著。
衣服因人而異，或者說衣服挑人，很有道理。旗袍既
如此。

　　一件美麗的旗袍，與人一樣，沉穩而有內涵。不僅
因為剪裁的合身，更是與形體有關。都說旗袍很怪，其

《佳人如夢》楊磊

實怪就怪在旗袍選擇的一定是身材高挑的女子，只有舉止優雅、落落大方，才能穿出魅力。如果長相粗劣，體態不佳，千萬不要與旗袍相伴。旗袍雖然不嫌貧愛富，卻有美醜之分。如果沒能將自己修煉成如詩般的內心，如花般的音容，又沒有高挑的身材，千萬不要與旗袍為伍，否則，將反美而不美。

旗袍的美，不僅如黎明時分看到的朝露，也如夜深人靜時的靜謐，更像舒展心緒時的純潔，在淡淡又靜靜的美麗中讓人們感受平和的靜態之美；又在立體的空間裡，在水墨盛景的欣賞中，解讀著異域風情，引領我們夢幻般地走過白山、綠水、藍夜，去感受旗袍的靈動之美；當回味歲月的瞬間裡飄蕩著生命的那些花絮時，對

人生的感受，就點綴在優美的服飾裡，把琴心的文雅，音樂的緬想，雪夜的聯想，在融入生命的片刻，體驗親切的浪漫之美和神奇的夢幻之美，在有一種愛是憂傷的心情裡，去律動靈魂的舞蹈，在夢的幻影支離破碎的時刻，靜靜地品味愛情下午茶那淡淡的味道，使自己美麗了，心靈才美麗，在這樣的心緒裡，領悟著音樂，享受著律動的美。

於是，我把旗袍當成一首永遠讀不夠的詩，一本永遠讀不完的書。

懷舊與盤扣情結

　　喜歡盤扣，不僅因為盤扣的裝飾效果極美，而是將盤扣看做精美的藝術品，在精工細作的背後，是一雙雙靈巧的手所付出的勞動。又因在微信朋友圈裡發出過母親編結的小盤扣，被兩家媒體約稿，於是，寫出了一篇有關盤扣的文章，在感恩母親的同時，更加懷戀那些盤扣時光。

　　母親心靈手巧，喜歡親手製作服裝，得體的剪裁，精湛的技藝，讓我引以為豪。最喜歡穿著母親編結的三頭盤扣，因與眾不同而視為珍寶。看過許多盤扣，卻無法與母親的相比。

　　年少時的一個生日，母親帶著我去商場，要為我買件新衣。可是店裡衣服上的圖案我都不喜歡，母親彷彿

瞭解我的心思，買回了白底帶天藍色圓點的布料，經過一番剪裁，利用一個晚上為我縫製了一件鑲有蕾絲邊的娃娃服，衣領上還用本色布條編結了一個小蝴蝶盤扣。早晨，剛一醒來，母親即讓我試新衣。高興地穿上新衣，跳躍著去上學，兩根長長的辮子在身後歡蹦著，如我的心情一樣愉悅。

我是多麼喜歡衣服上小蝴蝶的盤扣啊！歡喜過後，我一直想知道，母親如何將布料變成了神奇的蝴蝶，又讓它在我的衣服領子上翩翩欲飛。未及與母親探討盤扣的問題，母親又利用工作的空檔，為全家人縫製了不同厚度的棉衣。剛入冬，可以穿著自製的棉衣，時尚韻味十足。大寒之後，則外加一件大衣，在室內穿棉衣，又是一道風景。而風景的重點在棉衣的盤扣上，同色系的扣子，與立領棉衣搭配協調，煞是好看。因為喜歡，總想幫母親做點什麼。於是，每當換季時節，我會主動幫母親拆棉衣，尤其願意將母親一針一線精心縫上去的盤

《靜思》楊磊

扣拆下來，用彩線串在一起，洗好後再晾曬。學校放假後，趁著母親白天外出上班，我要幫著母親做棉衣。第一次嘗試，徹底失敗。中式棉衣都是立領，衣服領子考驗裁縫的手工，盤扣則代表裁縫是否精緻，我縫製的衣服領子立不起來。母親下班後看到，不僅沒責備我，反而手把手地教我重新做。盤扣是母親早就結好的，我只需要按照原樣縫上去就好。於是，每一件棉衣上的盤扣，比如琵琶、蝴蝶、中國結等各種形狀的扣子栩栩如生般在衣服上排成了佇列，形成了一道風景。

我曾試圖跟母親學習如何編結盤扣，母親很耐心地教了我好久，卻一直也沒能成功。我總是把編結盤扣想像得過於簡單，拿起布條就想編，母親說那樣不可以。編結盤扣要經過幾個步驟，最重要的是要將結盤扣用的布條先折起來，再一針針地縫上，縫出需要的長度和厚度，才能開始下一個步驟。母親用這些做好的素材進入編結環節，我開始眼花繚亂，總是打不出來那些小疙瘩。商場裡的中式服裝也有盤扣，但只結出一個頭，母親的三個頭盤扣我是萬萬學不來的。母親雖然鼓勵我，但看到我學不會又不耐煩的樣子，對我說：「有些東西不是一朝一夕就能學會的，你能學到媽媽這樣，也許會用一輩子的時間。」隨著年齡的增長，我體會了母親這些話的含義。有些事，真的需要一輩子的時間才能做好，只是，我對至今也沒學會結盤扣這件事，遺憾了好久。

　　母親曾經說過：「趁著媽眼睛沒花，多給你做幾件棉衣。」那些年，母親每年都能給我做一件帶盤扣的新棉衣，母親知道我喜歡盤扣，總是說我心靈手不巧，動手能力差，沒有遺傳她的基因。每次回家，我都會纏著母親，教我編盤扣，可是總不能如願。

　　有時，我會看著那些盤扣發呆，看著面前那些端莊的小盤扣，蝴蝶型的，像夏天原野上翩飛的蝴蝶；琵琶形的，如古畫上仕女懷抱的琵琶；芭蕉形的，活脫脫就是一扇芭蕉葉子；鳳凰形的，總有一種喜慶的韻味洋溢；菊花形的，兩團菊花緊緊地簇擁著；花籃形的，像黛玉葬花用的籃子；樹葉形的，似乎看到了各種樹的影子；球形的，圓圓的，有團圓之意；更有小動物形狀的盤扣，小蜜蜂和小蜻蜓也會成為盤扣的一種，即使是最簡單的一字形盤扣，也能根據旗袍的顏色編結出來，搭配以不同的款式，或者高領的旗袍，抑或低開領的旗袍，別有一番風韻，總有萬千滋味在心頭。

　　很難想像，沒有盤扣的旗袍會是什麼樣子？如果一件華貴的旗袍，缺少了盤扣的點綴，這件旗袍無論穿在多麼華貴的女子身上，註定要少卻很多風采。始終以為，旗袍的美，不僅美在韻律，更美在盤扣。盤扣，顧名思義，是盤出來的扣子，不僅起到固定衣服前後襟的作用，還發揮了裝飾作用，讓衣服看上去更加美觀。盤扣的美，

讓人看了不禁讚歎，該是怎樣的女子，才能盤出這些或花鳥或動物的圖案；該是多麼蕙質蘭心的女子才能盤出那些讓女子愛不釋手的樣式，清新與淡雅相融，自然與人文的結合，構成了一種服飾文化，並用盤扣去修飾，將欲說還休的美瞬間表達出來。於是，我佩服那些能工巧匠，精巧裡凝結著他們的付出，呈現給世人的是精美的藝術，作為一種藝術品，盤扣堪稱非物質文化遺產中的一朵奇葩。相信很多女子衣櫃裡的旗袍，皆因盤扣之美才會選購。

盤扣之所以稱作盤扣，與盤扣的工藝有關。最初人們將結繩編成扣子，用盤繞的方式，而盤扣的製作過程，不僅是盤繞，還需要將一些布條進行包、縫、編的過程，做盤扣的布料可以取做旗袍的面料，也可以取其它面料，甚至粗絲線和細繩都可以作為盤扣的原料。在中國漫長的服飾文化發展歷程中，應該說，盤扣始終佔據著一席之地。古代的衣飾，因無盤扣而結繩，而腰間結繩不利於活動，人們便想出了將繩編結成扣的方法，用來固定衣服的前襟。從清代女子開始使用盤扣起，盤扣即成為唐裝和旗袍類似小鎖一樣的裝飾，但是這種裝飾並非無用，也非粗劣，而是製作精緻，因花樣品種繁多，而受到人們的喜愛。

盤扣從古代結繩發展而來，經過歷代的發展，到了清代，盤扣演變成一種富有特色的工藝，不僅女裝使用，也應用於男裝，增加了服飾的美感。最美的盤扣一定來源於最有情趣的物件，比如花鳥魚蟲，比如音樂與藝術的表達。這些與生活密切相關的物件也被心靈手巧的女子們盤繞成各式各樣的盤扣，與不同顏色不同款式的服飾結合在一起，菊花則綻放，琵琶則動聽，似乎聞到花香聽到樂聲，燕子則遠翔，金魚則跳躍，有翩翩欲飛與暢遊歡快之感，寓意著美好的生活，更是人們熱愛生活的一種體現。

從盤扣的使用，到盤扣的發展，越來越富有美感。現代的盤扣，不僅有固定前襟的作用，還有裝飾作用。

盤扣，不僅是紐扣的先祖，也是美好寓意的象徵。

很多人喜歡中國結，每當春節來臨，就會買上大紅的中國結懸掛在窗前或門邊等家裡最顯要的位置，寓意著吉祥如意和對美好生活的嚮往。殊不知，盤扣正是中國結的一種延伸，更加生動，也更加富有美感，是穿在身上的中國情結。

中國結編進的是祥和與幸福，盤扣同樣有永結同心與百年好合之意。各式各樣的盤扣，經過巧手的編結，

《綠野尋芳》楊磊

讓人們感受著自然的古樸，無論花鳥，抑或物件，都寄託著人們對美好生活的渴望。

與中國結一樣，盤扣盤繞出的不僅是一個結，還有心中的希冀。

盤扣可以作為衣扣使用，更是一件藝術品。不僅要將盤扣的扣眼編好，還要將盤扣的圖案編好，只有圖案沒有扣眼和扣頭，便失去了盤扣的使用價值。如果只有扣眼和扣頭，沒有精美的圖案，又使盤扣失去了觀賞價值。所以，盤扣不僅盤的是工藝，還盤出了藝術。從小巧的盤扣中，人們可以觀賞到東方的藝術之美，還有東方女子的細膩之美。盤扣雖小，卻代表著東方女子的精緻，也將旗袍的美襯托到了極致。

盤扣的作用不僅固定衣襟，還有修飾作用，所以，自從盤扣發明以來，就受到女子們的喜愛。福祿壽喜圖可以盤繞成扣，植物的葉子

可以盤繞成扣，花朵的美麗也可以盤繞成扣，即使最簡單的一字扣，仍然會讓人們難以忘懷。人們將盤扣縫在對襟旗袍或者斜襟旗袍上，無論對稱抑或不對稱，都能將旗袍的風采展現出來。所以，沒有盤扣的旗袍，缺少了美感；靈動的旗袍，必有盤扣的修飾。對於一款風情萬種的旗袍來說，盤扣有著畫龍點睛的作用。

看上去簡單穿上去精美的盤扣，其實製作的過程很複雜。在盤扣製作過程中，要選擇與旗袍同色或者對比色的面料，剪成斜紋條狀，然後將布條捲起，按照滾針的方式將布條縫起，縫好後才根據需要盤扣的圖案確定長短，然後進入下一道工序。如果絲質或者麻料，可將布條中間夾一條線，讓縫好後的布條有足夠的硬度，盤起扣子來就會有立體感。如果有同色粗繩，直接盤繞也會取得同樣的效果。還有一種盤扣，是在盤扣的空隙間加上不同色彩的內裡，使盤扣看上去更加飽滿，有果實顆粒的意味。

最美的盤扣一定要有扣眼和扣芯，加上扣尾的圖案才能讓盤扣看上去栩栩如生。舞劇《粉墨春秋》裡的女子們無論群舞還是獨舞部分，穿著的衣飾上都有盤扣，隨著演員律動的舞姿，美到炫目，難怪獲得大獎。服飾的美與演員的內功相映成彰，將老一輩藝術家的故事完

整地再現出來，讓觀眾在欣賞舞劇的同時，也感受到了服飾的美。

精巧的盤扣，不僅為人們帶來視覺的美，也讓穿著旗袍的女子感到自豪。如果能穿上自己設計的旗袍，配上自己盤繞的扣子，內心洋溢著的，一定是最浪漫的情懷。盤扣的多種多樣，離不開長時期勞動的積累，更與編結盤扣女子的縝密心思相關。一款盤扣，就是一款故事，盤繞期間，總有一種感動，任何機器也盤不出各種精美的盤扣。

讓旗袍女子牽掛的盤扣，不僅可以縫在領口，還可縫在袖口。領口的盤扣是整件旗袍的門面，領口沒有盤扣的旗袍，愛美的女子不會選，穿上也無美感。袖口的盤扣，為旗袍加分。即使開叉處縫上盤扣，當女子輕移蓮步的瞬間，一雙玉腿款款生風，一絲神秘蘊含期間，引無數觀者遐思。

旗袍的美，如同民國的情書一樣，品大家風範，賞文字之美與旗袍之美於一身。「我一輩子走過許多地方的路，行過許多地方的橋，看過許多形狀的雲，喝過許多種類的酒，卻只愛過一個正當最好年齡的人。」這是沈從文寫給張兆和的情書，才子佳人，天作之合，沈從文最美的文字，與張兆和最美的旗袍上的文字相映成彰。「我愛你樸素，不愛你奢華。你穿上一件藍布袍，你的

眉目間就有一種特異的光彩，我看了心裡就覺著無可名狀的歡喜。樸素是真的高貴。你穿戴整齊的時候當然是好看，但那好看是尋常的，人人都認得的。素服時的美，有我獨到的領略。」浪漫才子徐志摩致陸小曼的情書裡，提到了陸小曼的旗袍，素顏質樸，是他喜歡的戀人模樣，雖然他的一生如此短暫，卻讓她覺醒，從他離開這個世界起，她開始潛心作畫，所有功過都留待後人評說。據說徐志摩殉難時的唯一一件遺物，竟然是陸小曼的一幅畫。對於陸小曼來說，她旗袍上的各種新款的盤扣，同樣為徐志摩所喜愛。

著名作家丁玲的文字與她的人一樣美，民國歲月裡，她穿著精緻的衣裙，鑲著精巧的盤扣，更加襯托出她的美麗。她與胡也頻的愛情與盤扣一

《晚風》楊磊

樣，同樣浪漫得讓人羨慕。在《不算情書》一文中，她寫道：「那熾熱的愛的火焰在跳蕩，那清澈的愛的泉水在湧流，那年輕的充滿熱情的靈魂在戰鬥和掙扎，那感情和理智尖銳衝突中堅強而又不乏高尚的人格力量在波動和崛起。」這顆穿著旗袍的心，驛動著，年輕且富有生活的激情，在愛的世界裡，有了蓬勃的生機。於是，旗袍成了一個裝飾，更成為許多作家筆下人物的服飾與靈魂。

面對穿著滾邊旗袍，旗袍上盤著精美盤扣的張愛玲，胡蘭成的情書讀來令人難忘。「夢醒來，我身在忘川，立在屬於我的那塊三生石旁，三生石上只有愛玲的名字，可是我看不到愛玲你在哪兒，原是今生今世已惘然，山河歲月空惆悵，而我，終將是要等著你的。」雖然胡張最終分手，愛情神話破滅，但張愛玲穿著的旗袍上的盤扣，卻不會隨著愛情夢的流逝而消失。

從一根絲線到一個個精美的盤扣，引發了多少人對美的渴望和懷想，一款款盤扣，就是一個個心願，在典雅中見真情，在回憶中浪漫，就像風中的那個女子，暈紅的雙腮下，襯著的金黃色盤扣，在華美綻放的時刻，將黃昏的彩霞收藏。在古風古韻的樂聲裡，欣賞著指尖上的畫作，在美麗心情裡，看著時光老去……

一顰一笑總關情

　　旗袍，就像一首詩，詩裡有著含蓄的句子，在詩的
意境裡，品讀詩人的內心世界；旗袍，又像一闋詞，詞
與句之間，不僅是平衡的句式，還有作者的文采，就像
旗袍，在所有的服飾中，工序最複雜，穿上去卻最美麗。
如果說旗袍是婉約的，穿著旗袍的女子則溫婉暖人；如
果說旗袍是婀娜的，穿著旗袍的女子則獨有韻律。旗袍，
永遠是美麗女子的最愛，如果將旗袍比喻成花朵，那麼，
它註定是萬花叢中散發著香氣的那一朵。

　　旗袍的美，如詩如畫，

　　最讓人心動的還是旗袍的領子。

　　記得第一次給旗袍縫領子，卻把領子做歪了，不得
不拆開重做，雖然浪費了很多時間，卻終於能夠做出一

款讓自己滿意的旗袍領子，心裡無比高興。縱觀旗袍的衣領，在古典與現在相結合的旗袍款式中，復古小立領成為女子的最愛。這一款立領用手工製作，雖然製作過程複雜，做工卻極其精良，將領邊滾上，再將手工盤的扣子縫於領口，即成為富有風情的一種旗袍款式。尤其東方女子細長的頸項，在高高的立領映襯下，隱藏起的脖頸部分，充滿著神秘感，也點綴著女子的溫柔氣質，既有冷豔的美，又不失內斂的美；既有傳統的保守，又有現代的奢華，在驚歎間，一絲優雅款款而來。

最喜歡看的是女子穿上旗袍，外罩大衣，只露出了衣領的樣子。立領在大衣裡的高貴，引無數女子競相模仿，對美的嚮往已成為女子們的一種流行。立式的領子，是傳統旗袍的樣式，人們遵循傳統，並在此基礎上，穿出了特色。喜歡盤扣，但也有根據頸項的長短來演繹，如果脖頸長，可以穿高立領的旗袍；如脖頸相對短一些，可以穿領口稍低一些的旗袍。盤扣的縫製，取決於領口的高低。如果領子高，可以多縫幾顆盤扣。比如三排盤扣，一直認為是旗袍裡最美的領口，如果領口開得很低，可縫兩顆盤扣，或者再低一些，可放一顆盤扣，根據需要，盤扣的多少可以自由地選擇。范冰冰的脖頸很長，旗袍領口的盤扣可放上三顆盤扣，也可以放上一顆盤扣，無論如何裝點，都有一種古典美的韻味，尤其是她渾身散發出的豔麗之美，確實無人可以比擬。張曼玉旗袍的

立領，陳數旗袍的立
領，同樣都散發著優雅
的美感，在她們擔任女
主角的影視劇裡皆有最
佳的表現。

　　從明代衣飾上出現
立領起，衣領與袖口就
成了旗袍的重要組成
部分。旗袍的領型其實
很多，常見的有鳳仙
領、水滴領、馬蹄領、
竹葉領等，但最好看的
還是直領。無論何種領
型，都讓女人如嬌豔的
花蕾，在對水中月和鏡
中花的希冀中，帶著東
方的含蓄和內斂悄然
綻放。

《遙想》楊磊

　　影星鞏俐 1992 年出席第 64 屆奧斯卡頒獎典禮時，
穿著白色的立領無袖旗袍，高挑的身材，配以白色的飾
物，讓全世界都看到了中國旗袍的風采。由她擔任評委
和主席的幾次國際影展，都穿著不同款式的旗袍出席，
一律是高立領高開叉、低胸無袖，旗袍面料的顏色都以
金黃、大紅和墨綠為主，即使站在世界名模面前，也毫
不遜色，平添一股魅惑之感。

　　隨著年齡的增長，越來越體驗到女子與「第一皮膚」
和「第二皮膚」的關係，第一皮膚即天然的膚色，第二
皮膚則是女子的服飾。但與其它服飾比起來，我更願意
將旗袍比作女子的第二皮膚。第二皮膚與第一皮膚的天
然美相比，修飾的美是後天的，因而也更需要精心地裝
扮。只有裝扮得當，才能顯示女性的美，不僅由內而外，
還能讓第二層皮膚煥發出光彩。

　　曾經在微博上看到劉嘉玲貼出的兩張旗袍照。一張
是身穿黑底淡黃色小花旗袍的照片，照片配上的文字寫
道：「沒有經濟上的獨立，就缺少自尊；沒有思考上的
獨立，就缺少自主；沒有人格上的獨立，就缺少自信。」
從圖片到文字，我們不難看出嘉玲姐的生活既有女子獨
立的美，更有女子對服飾所追求的美。另一張照片，則
是劉嘉玲與時尚雜誌主編的合影，圖中兩人都穿著旗袍，
劉嘉玲的旗袍白色，立領，主編則穿著帶有紅花的旗袍，

《如豹》楊磊

《花樣時》楊磊

雖然旗袍顏色款式不同，但是兩人都穿出了各自的韻味。作為演員的劉嘉玲將旗袍這件第二皮膚演繹得恰到好處，而作為旗袍重要裝點的立領對她來說，則有一種優雅華貴的美。

演員趙薇演過的電影中有很多是旗袍盛裝，那些不同款式的領子，讓趙薇過足了旗袍癮。《畫魂》是趙薇出演的第一部電影，劇中趙薇與鞏俐很多場景都穿著旗袍，將中國服飾的美與藝術相結合，讓人們在欣賞電影

中的畫作之美時也能欣賞到旗袍的美。在《情深深雨濛濛》中依萍的旗袍裝，讓觀眾們認識了依萍這個命運多舛的女子；《京華煙雲》中身穿旗袍的姚木蘭，將林語堂大師的小說進行了很好的演繹，也讓人們瞭解了民國女子的命運。據說，在海外播出《京華煙雲》電視劇時，曾一度掀起了中國旗袍和披肩熱。

旗袍因立領而有韻味，又因領口的裝飾而變得厚重。可有誰知道，旗袍的立領在製作中的複雜與艱辛？看上去最美的衣飾，一定要經歷最繁瑣也最有技術含量的工序，旗袍的立領與盤扣一樣，凝結著手藝人的智慧。

做立領的方法很多，其中最主要的有兩種。一種是先剪好領襯，再剪一塊領面部和領裡布，粘好領面再熨平縫好。另一種做法，是將領面和領襯都用漿糊粘好，將做好的領子正面向上，將領口下口包住領面，再縫到旗袍上，每一種工藝，都需要認真製作，才能做到領口能立起來，並且嚴絲合縫，不至於因為技術問題讓旗袍的領子看上去顯得粗糙，影響了整體的美觀。

有一張劉亦菲的照片，她站在古老的小巷裡，腳踩著青石板的路面，手摸著斑駁的青磚牆，一雙眼睛裡是對歷史的探尋，除了青絲紅唇，最動人之處是她穿著的旗袍。紫色的旗袍上，有金色的花朵鑲嵌期間，細白的脖頸外是旗袍的高領，無袖，顯出了渾圓的雙肩，性感

而嫵媚。再看旗袍的領口，兩對盤扣像極了兩對花朵，在古老與神秘之間，把一種修長的曲線美展露出來。只這一眼，無論是誰看了，都會深刻在記憶中了。

走在街上，曾經看到過一名女子的背影，女子身材高挑，穿著淺粉色的旗袍，高高挽起的髮髻，背影讓我無限神往，及至來到面前，卻發現面部已經滿是皺紋，然後，無論如何不會忘記她粉色旗袍的立領，高高的，將她黝黑的皮膚襯托出來，雖然皮膚的顏色很深，但她看上去仍然有一種風韻。

我們都喜歡窈窕淑女，旗袍穿在她們身上的美真是無與倫比，只是，在曼妙的律動間，那些立領仍然是旗袍的最美點綴。綾羅綢緞，無論怎麼剪裁，也不及旗袍的質地美；絲綢亞麻，無論怎麼裝飾，也穿不出旗袍的雅致。如果將旗袍比喻成美的代言，那一定是精彩絕倫的美，美到心裡，美到骨髓，美到靈魂……

也許，這才是我們所希望的晶瑩剔透的內心，也是生命中的一種渴望。

曾經讀過一篇關於旗袍的文章，遺憾的是沒找到作者的名字，他或她如此形容旗袍：「她是出世的牡丹，在枝頭顧盼生姿，雍容華美；她是遺世的梅花，獨守著一簾幽幽的時光，笑到傾城；她是一池荷的娉婷，或淡

或濃，獨守著佛前的一點素心從容，散盡清靈；她是杏花深處的背影，曼妙玲瓏，把簡約的光陰打動；她是我收筆時的一驚，在平仄中找尋著生命的純真與厚重。」完美的比喻，清幽的句子，讀了不僅享受語言的美，更從中領略著旗袍的風采。是啊，有多少女子一生鍾愛旗袍，我不得而知，但是那些影視劇中的人物，那些故事裡的女主角，她們因旗袍而美麗，因旗袍而讓觀眾記住了她們，這些，已經成為一種事實。沉醉於旗袍的女子有之，穿著旗袍走過長街的女子有之，身著高高的立領旗袍參加各種盛典的女子有之，旗袍在她們的身上，成為一次刻骨的回憶，或因愛情，或因記憶，因為一生的追尋，讓旗袍與她們相融。

周迅主演的電影《煙雨紅顏》首映會上，模特兒們依次亮相了她在片中穿過的 20 多件旗袍，那些穿著秀美旗袍的女子在觀眾面前亭亭玉立般走過時，人們情不自禁地鼓掌，讚歎著旗袍的美。

儘管生活中的周迅不穿旗袍，但在劇中卻穿著不同花色不同品種的旗袍，透過服裝演繹當時的年代當時的心境，使電影故事更加吸引人，同時極富美感。尤其周迅的瘦弱，加上旗袍的立領，讓她看上去堅強，內在的骨氣凸顯，表現出劇中人的性格與內心的感受，更讓觀眾在欣賞劇情時享受服飾的盛宴。

　　淡雅的旗袍，總是與有緣人相遇，就像湯唯，穿著旗袍的樣子有著一種憂傷的美，別具一格的小立領，穿在她的身上，立即體現出與眾不同的精緻。在湯唯主演的電影中，那些帶著精緻滾邊的旗袍，穿在她的身上，可以看到玲瓏的曲線，不僅讓美麗定格，更讓觀眾試圖走進她的內心，與影片中的主角對話，如同近距離端詳一件藝術品，又如手感的觸摸，想透過旗袍實現心與心的交流。當影片結束時，人們沉浸在故事情節中的同時，滿眼都是旗袍的美。當時間流逝，或許人們已經淡忘了那個故事，但是穿著旗袍的人物卻記憶在了心靈深處。

　　穿著旗袍的女子因為精緻的領口讓人們不僅看到了旗袍的做工，也看到了女人的精緻。女子都愛照鏡子，在鏡中仔細地端詳著自己，越看，心裡越愉悅。無論青絲長髮的年輕女子，還是匆匆歲月兩鬢染霜的女人，在旗袍的映襯下總是那麼開心。小立領、無領的旗袍，裝點了女子，在或驚訝或讚美聲中，青春的腳步走近，即使千山萬水的阻隔，接一個遠方摯友的電話，也會聽到歡快的聲音，彷彿穿旗袍的女子近在眼前，感染著她的歡樂，愉悅著自己的內心，縱使此生優雅地老去，仍會記下曾經相擁的留戀，與旗袍的情誼，今生有關，來世有緣。

《倚風自得》 楊磊

《晨曲》 楊磊

林語堂大師的那句：

「優雅地老去，也不失為一種美感。」

讓更多的女人記住了做優雅女人的一種姿態，一定要「優雅地老去」，也不失為一種風度，更是一種人生態度。

旗袍擁有領口和袖口，配上精美的小盤扣，總有一種或高或低的執著融入其中，讓女子們看到人生的堅守。穿旗袍的女子，一定是繆斯垂青的女子，因為高雅而洋溢著活力，她們周身的魅力，正是對唯美的闡釋。文字無法替代，視覺奪人魂魄。

好友慕容姐姐曾經說過：「有些東西真的是永遠不要走近，也許美麗確實需要距離。」因為「憂傷也是一種美麗，一種動人心弦的美麗，如同月亮上的那些陰影，是它眼中憂傷的陰霾，是它心裡莫名的酸楚，是它美麗的一部分。」在生命的歷程中，或許我們每一個人都在尋找那條長河，在尋找的過程中，去體驗人生，寄託情感，留下無數的思索。而「思念那條豐沛的河，思念它的滿盈，思念它痛快淋漓的宣洩，思念它永不回頭的倔強，思念它大江東去的氣魄，思念它迂回的河灣處輕輕泛動的柔情，思念它堤岸旁曾經翠綠著的青春。」並在

思念的過程中，感悟著自己變得成熟了，還保留著「一顆純淨的心」。

　　那個穿著旗袍的女子，把自己比喻成一隻鳥，「在它的啁啾聲中感動和陶醉」，「愛是一種眷戀，愛是一種牽掛，就像鳥兒依戀藍天，就像黑尾鷗依戀湖水。」而「歷盡一季的艱險，只為那一聲溫暖的呼喚。」於是，穿著立領旗袍的女子，蘊涵著信任的力量，續寫著生命的歡歌，讓生命在淡化中變得柔韌；讓潮濕的風和濃濃的咖啡裝點依舊無邪的心，正如那花，想開就開了。

《朝顏若詩》楊磊

千挑萬選總相宜

　　旗袍如水，攜一季的風采，在春日裡伴著輕舞飛揚
的柳絮，看著舊日時光溜走，迎來紅顏淺笑，只消一個
回眸，便將心底的故事傾瀉。所以，穿旗袍的女子，需
要一些搭配，讓她的心事看上去更有內涵，讓她的故事
描述得更有韻味。於是，一件外套，一個披肩，一隻髮
卡，一個手袋，一雙鞋，即使是一個髮型，都將女子的
婀娜與修養展現出來，無論美醜，只要搭配得當，同樣
能將女子的內涵穿出來，所謂的風情萬種，即是這般地
演繹出來。

　　旗袍搭可搭長款風衣，穿出飄逸之感；可搭西裝，
無論長短，都有中西合璧的風采；搭一件皮草，會彰顯
出雍容華貴之感，即使穿上一件布衣，也會穿出質樸和
風韻。喜歡熱鬧的女子穿著華麗一些的外套，喜歡安靜

楊士忠 攝影

的女子可穿著樸素一些的外套，內外的完美結合，才能
邂逅一份寧靜，擁有一份優雅。喜歡女子穿著旗袍，搭
配一件短款西服，細長的腿，在走動間流露出的美感，
讓女子成就了一道風景，婉約如水，令人歎為觀止。

　　一直以為，披肩只是個裝飾，其實不然。披肩與旗
袍，有著不解的淵源。動感的流蘇，長長的穗子，將披
肩的風姿舞動，在端莊的旗袍女子面前，披肩不僅能夠
抵禦寒冷的侵襲，更能讓旗袍穿出風采。絲質的披肩，
將江南女子的柔軟帶到人們面前，從吳儂軟語中體驗著
一份柔情；毛織的披肩，既有北方女子的開朗，又有南
方女子的細膩。一個披肩，就是一份保護，讓瘦弱的女
子在風中雨中變得堅強，讓大氣的女子在細雨瑞雪中表
露情懷，讓蛻變與驚豔顧盼生輝。

　　我們評論一個人的時候，經常側重人物的外在裝扮
與內在的品格，最能表現一個人受到信任和肯定的句子
就是「由內而外的美」，穿著旗袍的女子即如此。她們
渾身散發著熱情洋溢又端莊穩重的氣息，不時感染著身
邊的人們，至少，她們是熱愛生活的，而熱愛生活的人
們周身會充滿了正能量。

　　優雅的女人穿著旗袍裝，無論怎麼看，都是一道風
景，無論長少，只要穿著旗袍搭配適宜，便會更有風采。
上海衛視的《金星秀》節目，主持人金星每期必穿旗袍，

旗袍使金星有一種成熟的美，讓這位擁有百餘件旗袍的超級「旗袍控」成為萬眾矚目的主持人。她喜歡旗袍，據說一直在攢著旗袍，從沒有太多的錢到現在的生活寬裕，她始終沒能改變自己的想法。每次在電視節目中一出場，總是引起現場觀眾的一陣掌聲，這其中不乏對節目的厚愛，更重要的原因，還是她本人的魅力，無論外貌還是身材，無論口才還是旗袍，每一個都是最佳看點，讓人們不忍在電視機前離去。也許，只有走過了艱難，方知幸福生活的不易，所以，她珍惜現在的一切，更讓生活過得有意義也有價值。

民國時期參加遠東運動會的 20 名女子運動隊員，幾乎都穿著旗袍亮相，讓世人看到了中國的素色旗袍、格子旗袍還有碎花旗袍，那些旗袍立領、滾邊，還有盤扣，而女子們則笑靨如花，將青春風采向世人展示。現代女子透過舉辦一些時裝秀，或者節日慶典等活動，也逐漸穿上了旗袍，她們認為最美的服飾就是旗袍，唯有旗袍才能穿出自己的特色，才能穿著自己對生活的詮釋，或者說穿著對生命的渴望。

不管花開花落，一切都值得人們留戀。人們經常形容女人如花，不僅是女子的心思總有花般綻放，還寓意著女子的打扮像花一樣美麗。花開時最豔，女人穿上旗袍時最美。出水芙蓉與蓮塘裡的荷花，開放時的美，如

同穿著旗袍的女子，風采斐然，曼妙無比。或許，這一季的芬芳只為那個女子開放，這一眼的眷顧只為那個女子而為。

旗袍的搭配除了衣飾，髮型也非常重要。無論是慵懶的卷髮還是朝氣蓬勃的直髮，不管是俏皮的短髮，還是帶著濃厚學生氣息的麻花辮子，都能將旗袍的不同款式搭配得恰到好處。為了凸顯脖頸的纖長，很多穿旗袍的女子都以盤髮為主。將長髮高高地盤起，插上各種頭飾，或閃閃發光的水晶插，或圓潤的珍珠插，無論哪一種都富含著華貴的成分，讓觀者讚歎。如果是短髮，也可以將頭髮梳成幹練的樣式，看上去清爽，乾淨。喜歡披肩髮的女子，盡可以將長髮披在肩上，隨著一季的清

風飛揚；喜歡髮辮的女子，可以將頭髮編結成各種髮辮，留住青春的腳步，給人一種活潑向上的感覺。不管哪一種髮型，都要保持清潔，讓髮式與旗袍和諧地搭配，才襯托出人的嬌媚。

旗袍是精緻的，與之搭配的手包同樣要有特色。不管是純皮還是漆皮，與旗袍

的顏色都要一致，黑、白色是百搭。除皮質外，絲絨、
絲緞、絲綢都可以做成手包，也有刺繡款，配以同色系
或圖案的旗袍，更加唯美和諧。穿旗袍一定要拿手包或
者小肩包，大背包與旗袍極不相稱，也會奪了旗袍的風
采，相信沒有女子會如此搭配。

　　幾年前的一個夏末，去了趟南戴河。坐在賓館的室
內花園裡，寫著一本書的後記。駐筆停歇的瞬間，觀賞
著腳下水池裡暢遊的小魚，魚尾歡快地擺動的樣子，不
禁想起媽媽織的魚尾裙。如果穿著一襲魚尾紋的旗袍該
有多好！

　　正當思緒暢遊時，同學小妹找來，手裡拿著一款綠
色的草編小包，在我面前一揚，說道：「今天是姐姐的

生日，送一款小包，祝生日快樂！」忙碌得已經忘記了
自己的生日，不禁問道：「真的嗎？」接過小包，歡喜
不已。禮輕情意重，能有人認得自己的生日自是一番感
動。待友人離去，細賞包包的玉米稭編結的花朵，一襲
墨綠色的旗袍又在眼前浮現⋯⋯

　　看一個人是否有品味要看他或她的鞋子，已成為絕
大多數人的共識。男士的「西裝革履」自有紳士風度，
女士的旗袍裝該如何搭配鞋子？看似簡單的問題，卻難
倒了許多人。

　　旗袍搭配的鞋子首選高跟鞋。從清代的馬蹄底到現
代的防水台，高跟鞋走過了一個世紀，隨著高度的增加，
價位也在不斷地上漲。但旗袍多為私人定製，本屬奢華
一族，對鞋子的搭配要求也很高。長款旗袍宜搭配 7-10
釐米的高跟鞋，短款旗袍宜穿著 5-8 釐米的鞋子，才能
穿出亭亭玉立的感覺。鞋子的顏色與旗袍要和諧一致，
白皮鞋、紅皮鞋首選，黑皮鞋次之，而與旗袍同色系的
鞋子最適宜。

　　喜歡復古風的女子，穿上一雙繡花鞋也未嘗不可。
同花色或相近花色的鞋子，也能穿出風采。同時，要注
意頭腳均衡，適宜有度。比如扮演過《白蛇傳》裡白娘
子和《上海灘》裡馮程程的趙雅芝，每次旗袍裝出場，

都穿著得體，別緻的髮型，精美的高跟鞋，冷豔的造型
中，不乏溫暖，更顯其風韻的本色。

　　旗袍看似只是穿在身上的服飾，卻離不開自然的山
水和人工的雕琢。染上色彩的畫面，給人以美感。穿在
女子的身上領略的是動感，在才下眉頭，卻上心頭的感
悟裡，旗袍女子不厭其煩地裝點著自己。擁有一件最好
的飾物曾經是她們的夢想，於是，耳環、項鍊和手鐲成
為他們的心愛之物。

　　珍珠項鍊、珍珠耳環與
玉手鐲的搭配天然而傳統，
無論什麼顏色，都與衣飾保
持著和諧之美。現代感極強
的搭配是一款名表，精巧與
現代，彰顯著旗袍的懷舊與
復古情懷。

　　旗袍如一朵盛開的花，
在心頭綻放，引得越來越多
的女子為之傾心為之付出時
間和精力。友人們不只一次
問我有幾件旗袍，雖未作答，

卻在沉思：如若心的漂浮與粗俗仍附著於肉身只上，縱有旗袍無數又能如何？

旗袍自有步履翩然的萬種風情，亦有俯首低眉的哀婉淒美，而最重要的，則是浸潤著靈魂的那份縹緲，以及不染俗世纖塵的那份嫺雅與禪心。如同喧囂中穿著旗袍的 90 後女孩，默默地守在咖啡屋的一隅，安靜地讀著一本書，彷彿時空穿越，成了那個名叫晴川的女子，又如劉亦菲的清純秀美；80 後的女子逐漸成熟，時光在流逝，越發積澱起智慧，從故事裡走出的是曾經的浪漫，一如章子怡的古典與時尚兼而有之的美；70 後的女子把歲月刻在了臉上，唯有一絲恬淡，卻仍讀不透她們的內心；60 後的女子多了一份對歲月的思考，即使穿上旗袍，仍掩飾不住歲月的滄桑；50 後的女子走過世紀風塵，在旗袍的裝飾裡回味著過往的曾經，只把一份希望寄託。

不同年代的女子做著不同的夢，對旗袍有著不同的演繹方式，無論如何，旗袍只是一種生活方式，是女子們追求美的一種回饋。

以為朋友一生鍾愛旗袍。茶館一隅，我與她相對而坐。牆上的詩畫，與身邊女子的旗袍相映成彰。喜歡她文字裡那種粗獷與大氣中透出的細膩和柔和，深厚的文字功底，還有對人生的深邃思考。那蒼白的面龐，曾經經歷過兩次大手術的軀體是如何地頑強，才能承受住工

作與生活的壓力，而這一切，都在她縝密的安排下，如
行雲流水一樣順暢，身上的墨綠色旗袍如同腕上佩帶的
墨綠色玉鐲尚有的空隙一樣悠閒而從容。

　　品讀喜歡旗袍的好友，就像品味眼前的一壺茶，濃
釅相宜，餘韻無窮。每一次沖浸，芳香彌漫，四溢空間，
倍受感染。看著那雙拿過刻刀的玉指，輕揀一枚橄欖，
慢慢送入口中；輕觸茶盞，細品慢啜。如此情景，該是
怎樣的文化底蘊，多少年的修煉，才能優雅如畫中的女
子，一覽無餘著大家閨秀
的風範。

　　每一次與好友相聚，
時光總嫌短暫。茶韻未盡，
又撫琴弦。一把竹扇，懸於
牆上。臺階之下，行人輕移
腳步。臺階之上，古箏置於
案几。根雕木椅，松香未
散。大方落座，微傾前身，
琴聲傳來，古韻今宵。誰人
撫琴？何出仙音？

　　人生旅途上，無論看
山看水，都有各自的風景。
穿著旗袍的女子，人在景

中，看風景的那些人也在看著她們。人們對服飾的喜愛，
不僅來源於內心對旗袍這一服飾的尊重，更將旗袍這一
國粹的內涵發掘。

在心靈的牧場上放逐，不僅有近處的旗袍，還有遠
處的風景。推開心靈的窗子，即能看到滿是綠意的原野。
而旗袍，將贈予人們的，是春色正濃與秋陽無限……

茗香茶舞品人生

　　旗袍在優雅中透著時尚，在時尚中蘊含著復古，在復古風裡彰顯幹練。一款繡花旗袍，穿出了女子的精巧；一款絲絨旗袍，穿出了女子的成熟；一款錦緞旗袍，穿出了女子的高貴。在復古的立領中，提升著女子的形象；在手工盤扣的精緻裡，流露出女子的氣質；在開叉的裙擺裡，看到了女子的品質。

　　與三五好友穿著旗袍逛街，豔壓群芳的結果，讓路人記住的一定是穿著旗袍的女子；在與友朋相聚的宴會上，穿著旗袍的女子一定會讓參與者銘記那種低調的奢華。於是，有朋友問：「除了參加聚會和逛街可以穿旗袍，還有什麼場合更適合呢？」我的答案是喝茶的時候最適宜。

　　喝茶的樂趣，不在獨自斟飲，而是與朋友在一起，品茶閒聊，才能找到品茶的樂趣，也能讓自己思緒萬千。穿著旗袍喝茶，別有一番情懷。

　　茶水是透明的，就像人的心境。心裡透亮了，生活才有意思；心裡渾濁了，就會感到迷蒙。茶有苦有澀，更有清香襲人。品茶就是品味生活，有清淡的時刻，也有濃香之時；就像穿著旗袍的女子，有團聚的時刻，也有分散的日子。不管生活多麼艱難，都要克服困難向前走，在品茗之時感悟人生，感恩生命的回饋，才能珍惜並感恩人生。

　　在閒暇時光裡三五好友輕啜細飲，不僅作為愉悅身心的一種休閒方式，最重要的是懂得了茶對身體的保健作用。不同的女子對品茶也有著不同的理解。人們只知道喝茶限於兩種形式：一是為了提神，二是為解酒。而最重要一條就是，在茶香裡人們學會了感恩。當她們悟到這一點之後，再去品味透明的茶，心境也會變得如此透明，不染纖塵了。

　　談到感恩，首先想到李時珍老先生。他嘗遍百草，寫就了《本草綱目》一書，將其對每一味草藥的作用記載下來，傳給了後人，直到今天，仍然對中醫藥的實踐具有指導作用。李時珍的《本草綱目》中有這樣的記載：「茶苦而寒，最能降火，又兼解酒食之毒，使人神思矍

爽，不昏不睡。」李老先生對茶的解釋，使喝茶對身體的益處有了更有力的依據。正是從古人開始就對茶有了很深的研究，穿旗袍的女則豈肯錯過這與文化相融的機會？由此，中國的茶文化能夠世界聞名也不為奇了。

威廉·烏克斯在《茶葉全書》中寫道：「飲茶代酒之習慣，東西方同樣重視，唯東方飲茶之風盛行於數世紀之後歐洲人才開始習飲之。」中國人喝茶就像外國人喝咖啡一樣，無論是泡茶的程式，還是茶具的使用，都與旗袍一般有著固定的程式。旗袍是文化，飲茶也是一種文化，所以，穿著旗袍的女子品茶，或者喝工夫茶，也是一種文化的薰陶，從中能夠體驗到很多真切的內涵。

多年前的一個夜晚，有一位女孩，曾經跟著朋友去街角的一家茶樓喝茶。那時，剛剛聽說這個城市裡有茶樓，女孩子多少次走過茶樓的門前，卻一直沒有勇氣走進去，她覺得茶樓裡一定很神秘。這次機會來了，在走進茶樓的一瞬間，她將自己完全融入到了茶樓的氣氛裡。茶藝小姐穿著紅色鑲金邊的旗袍，墜著淡黃色的耳環，輕移蓮步間，耳環晃動，長長的穗子在肩頭輕拂，纖細的腰肢，像極了春風拂動楊柳枝的句子，不經描寫，即有一種風采。及至款款落座，茶藝小姐輕聲細語的展示，總是讓聽者癡迷，或陷入思考，後悔沒能早一點來到這裡。

一個晚上的時光很快，她戀戀不捨地離開了這裡。因為喜歡，她開始打拼，為了心中的夢想，誰也沒想到，幾年後，這個城市裡最有品味的一家茶樓的老闆竟然是曾經對茶藝完全不懂的那個女孩子。茶樓正式開業的那一天，她穿著大紅質地繡著雲水圖的旗袍，穿著高跟鞋，將原本就高挑的身材襯得更加亭亭玉立。她請來了當年邀請自己一起去喝茶的朋友，給他們辦理了終身會員卡，她用自己的行動，感恩著曾經讓自己提升生活品味的朋友們。

有時，感恩，不一定掛在嘴邊；感恩，也不是給人以多麼貴重的回饋。如女孩一樣的感恩方式，最特別也最讓人感動。也許，時光過去多年，記憶中的很多事物都已經模糊，而印象最深的，竟然就是那一縷清淡的茶香。聽茶道，沉醉在茶藝小姐的細心講解中，在噥聲軟語中感受江南女子的細膩，不僅僅在腦海中浮現茶山的風景、茶坡的碧綠、茶樹的姿容，一定還有茶葉的清香。這個時候，無論是誰，都會感到喝茶是一件很神聖的事情，並在溫杯、濾茶、聞過茶的清香之後，慢慢地品味著，生怕糟蹋了這茶的真正味道。此時，喝到嘴裡的就不是普通的茶水了，而是一種文化，一種茶文化，一種茶文化與旗袍文化水乳相融的經歷。

　　人生聚散無常，因茶結緣，是茶香留住了一份情誼。無論來自江南，還是生於塞北，能夠坐在一起，在茶香裡感悟，體會人生的擁有，就會感謝真誠，讓彼此心靈相通；感謝善良，讓彼此懂得感恩。

　　珍惜每一次穿上旗袍與友人相聚的機會，珍惜每一次與朋友品茶的時光，因為每個人一生中不會有很多次這樣的相聚，那些忙碌的日子，沒有閒暇時間給自己一個停留的藉口，為何不在品茶的片刻時間裡，讓自己休閒和放鬆，給奔波和勞碌一個休息的理由？

　　品茶，不僅品文化，也在品人品。人生就是一杯茶，需要細細地品，慢慢地酌。

　　曾經隨意在微信上發出了一條消息，說那天自己過生日，也許是對越來越少的生日的一種特別紀念方式吧，聊以慰藉的微信就像個人日記，雖然是公開的日記，卻也有好友們從中瞭解一些資訊。沒想到自己有些自戀的祝福，讓遠在山東出差的一位小妹當做頭等大事，她委託公司下屬特意買了一套精緻的茶具，附上了一張茶樓的 VIP 會員卡快遞過來，那一刻，真是讓我感動。

　　母親說，生我的那一天天氣很熱，她和我都起了痱子。在一個三伏天裡，我們掙扎了一個月。我感謝母親，懷揣著痛苦，忍受了十個月的盛夏酷暑才讓我看到這個

世界的光明。在生日那一天，除了感謝母愛的無私，還要感謝的就是雲鷺妹妹的理解，喜歡茶，也喜歡收藏各種茶具，因為感恩，所以收藏。

最美的旗袍一定要有盤扣，而品茶，也需要一套上好的茶具，才能與品味這個詞相聯結。很多茶藝館裡的茶具就很精緻。那些手繪的陶藝，花梨的茶盤，古色古香的雕花木桌，鏤空的木門和懸掛的草簾，偶爾還能看到早期電影裡的帷幔，牆上掛著民國電影人穿著旗袍的照片，隱約聞到飄來的一縷茶香，如在夢中感受仙境一般。尤其走在透明的玻璃地面，觀看腳下遊動的小魚，擔心一腳不慎打擾了那魚的酣夢，那種小心翼翼的感覺簡直是踩在鋼絲上演雜技一樣。在這樣的體驗之後，再去品茶，一種別樣的滋味在心頭。

每當喝茶，就會想起那些茶館，小鳥鳴脆的的啼叫，如入夜晚的樹林，在星星的眨動裡，在星空的縫隙中看著那仿古的建築，旗袍女子的肖像，景泰藍的洗手池，心中流連的是匠心獨運的精巧建築。偶爾坐在桃源茗裡，輕啜恬淡的清茶，無論是碧螺春還是烏龍，在口與杯間都會留下餘韻清香。那鸚鵡學舌的尖厲叫聲，竹簾荷花，室內的小橋流水和牆上的書法繪畫，以及穿旗袍的沉靜女子，就那樣深刻在了記憶中。

　　人生最大的樂趣，在琴棋書畫外，就是穿著旗袍品茶。從旗袍文化和茶文化裡，能看到時代的變遷，生活的改變。從天橋的大碗茶，到老舍先生的《茶館》，從馬路上擺著的小茶攤，到環境雅致的茶樓，從茶園、茶館到茶藝、茶道，社會在進步，人們的生活水準在提高，而且隨著時代的發展，又讓人們改變了很多。從品味到服飾，從注重外在的審美到注重內涵，不斷地品味著，在旗韻生香裡，能夠悟透人生。

　　在淡與濃、聚與散的過程中，可以看到茶的魂靈，猶如人的魂靈一樣，在生活的水杯中舞動著。因茶讓人感動，不僅品茶，製茶的過程更值得感恩。那些青茶，在一代一代茶農的精心伺弄下，長成了成品，又在那些茶女的辛勤採摘下，來到茶廠，經過殺青、揉撚、乾燥等經典工藝過程，被製成茶葉。然後，經過飛機、火車等運輸工具，甚至是賣茶人挑著擔子，一點點地出售，最後進了茶樓或千家萬戶，成為每一戶人家必不可少的待客佳品。這個過程是複雜的，其中不乏感人的故事。

　　所以，我喜歡看茶舞的時刻，看那每一片茶葉在透明的杯子裡隨著水的波浪上下舞動，由凝聚在一起、輕巧的一根根小針，在水的懷抱中逐漸地散開，膨鬆長大，變成一片片的小葉子，或者一朵朵小花，然後，再將清淡的水染成綠色，或淺茶色，那一個個生靈就這樣誕生

在透明的小杯子裡。這茶的精靈在眼前舞動的同時，生活的精靈也舞動在人生的旅途上。

其實，無論男人還是女人，都喜歡看茶舞的時刻，並在茶舞的時刻裡聽著古箏的樂曲，細細地啜飲著每一口茶，品味著各種茶的不同味道。諸如：綠茶、紅茶、花茶等，那或苦，或淡，或散發著芳香的茶，就像我們的生活，有清淡的時刻，也有濃香之時；就像友人，有團聚的時刻，也有分散的日子。

茶舞的時刻，會令人憶起那些美妙的夜晚，款款而來的旗袍女子，駐足在亭台樓榭，或品茗論詩，或欣賞音樂，或品茶談話的情形。品茶，是一種友誼的象徵；品茶，也是談詩論文的最佳方式，更是體驗李白「茗生此石中，玉泉流不歇」的最佳感覺。

茶舞如生活，從平淡的茶中可以悟出一個道理：生活就是一杯泡在水裡的茶，隨著茶的不斷變淡，再更新著新的茶葉，這更換的內容就是對生活的一種新的追求。生活如此，人生也如此。在茶香裡感恩，才能感謝生活，體悟人生，才能品出人生的喜怒哀樂，才能讓黯然的心獲得完美的綻放。於是，身著旗袍，女子便多了一番風姿綽約的古典韻味。

　　因為茶藝可以帶來視覺的感受，茶道可以帶來心靈的體驗，那個喜愛旗袍的那個女子，帶著一顆悠閒的心，在行走間，心靜如茶。因為品茶，而讓人生充實。

後記

　　今天是感恩節，室外冰天雪地，室內溫暖如春。看
著房間裡的那些綠植在冬天裡傲然挺立，帶給我滿眼的
綠意，無比開心。在感恩父母贈予我生命的時刻，不僅
感謝環繞身邊的春景，更感謝在《旗袍藏美：時光帶不
走的東方之美》一書創作中給予幫助支持、鼓勵和推薦
的各界友人。從相識、相知到相助，我生命中每一個歲

月裡的瞬間，都有你們熟悉的身影，於是，在這個特別的日子裡，感動，就這樣從心底生發，並在沒有一絲暈染的時刻蔓延……

　　寫作旗袍，源於一種熱愛。對母親的親情摯愛和對服飾文化的深情熱愛，讓我心中存著一個旗袍夢——即使我不穿旗袍，也要寫旗袍。少時耳濡目染，心靈手巧的母

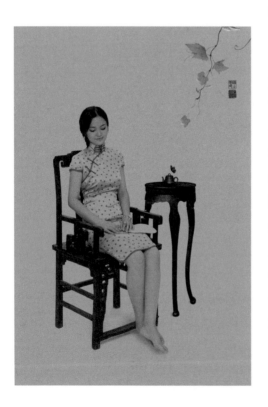

親給我們每個孩子的棉衣都編出精美的盤扣，那種深藏於內心的盤扣情結，讓我增添了一份責任，寫盤扣，寫旗袍。在《中國婦女報》和《樂活老年》雜誌發表了《盤扣情結》一文後，更加堅定了寫作這本書的信念，能為旗袍文化和中華旗袍的傳承盡一點綿薄之力，

也不枉一世對旗袍的喜愛。於是，就有了咀嚼了兩個月的
這些文字。

　　60 天，對於一個寫作者來説，時間不長。在 60 天
的時間裡，我把自己的業餘生活完全交給了旗袍。從旗
袍的款式、旗袍的面料、旗袍的做工、旗袍的盤扣、旗
袍的領口和袖口、旗袍的開叉，及至旗袍的配飾，無論
人在哪裡，想著念著的都是旗袍。火車在原野上的行進
中，我用手機寫著
旗袍的文字；休閒
時光裡，與家人和
同學在一起聊著旗
袍；遙遠的電波連
線時，與出版社的
恩師探討著旗袍的
細節；畫室與影樓
裡，與畫家和攝影
家研磨著旗袍；在
徽派建築輔以蘇州
園林風格的明清冊
裡，不僅談論著旗
袍這本書，還見到
了穿著旗袍的美女
面帶微笑地拍著旗

袍照；週末，在旗袍演出服陳列室裡，與氣質美女老總
相對品茶，主題仍然沒有離開旗袍……

那一段時間裡，靜夜裡失眠想著的是旗袍，熟睡中
的夢裡，依舊是旗袍，而這充實的夏日與收穫的秋月，
註定成為我生命中永遠難忘的歡樂時光。

有付出才有收穫。而跟付出相比，我的收穫很大。
從寫作中，不僅感受著文字帶來的樂趣，也享受著美麗
的視覺盛宴。那些優雅的女子，那些美麗的故事，那些
不朽的傳說，那些不老的傳奇，每一個名字都鐫刻在了
記憶中。每一次回味，都會感動，抑或辛酸，又或者心
痛……於是，寫作著，感慨著：女人穿上旗袍，不是對
男人的魅惑，而是一道美麗的風景。不僅女人喜歡旗袍，
男人也欣賞旗袍；女人穿上旗袍，蛻變中因文明而優雅，
又因溫婉而和諧，有素養的男人則喜歡這樣的女子。

完成書稿，等待畫稿的日子裡，我在微信朋友圈發
了一則消息，為我的《旗袍藏美》徵集聯合推薦人，既
有發自內心的被認可，也是一種新嘗試。預料之外，收
到了 200 餘位來自各個行業的友人推薦。中國飛行器與
駕照擁有者協會副理事長金乾生先生在推薦語中寫道：
向各位讀者隆重推薦柳迦柔和她的新作；中央電視臺軍
事節目洪國荃導演留言：迦柔是一位很勤奮的作家，常
用獨特的思維觸動你心靈中最柔軟的部分；公安影視製

片人郭現春先生說：這是著名女作家柳迦柔繼《女刑警隊長》之後的又一部精品力作，值得您一讀的好書；導演馬克題字：中華旗袍，服飾瑰寶；亞洲文化交流協會副會長、人民日報（海外版）原副總編輯王謹老師說：近些年，以高產作品活躍於文壇的作家柳迦柔女士，推出的新書《旗袍藏美》，憑藉獨到的視覺，以靈動飄逸的散文筆觸，娓娓道來，描繪出風情萬種的旗袍文化長廊；大連五洲影視有限公司董事長、全國十佳電視製片人陳冬冬姐姐讚譽道：東方之美，中華之韻。盡在柔美的曲線與如詩的韻律中，彰顯女性的優雅氣質與文化底蘊。國家一級導演、北京電影學院兼職教授常智宏老師寫下了自己對旗袍的感悟：旗袍女子的靈魂是有香氣的，生活從來不是為了別人，而是為了自己。讓自己精緻優雅，找到自身作為女人的魅力與柔情，這種美能讓女人永遠年輕迷人。旗袍，是一種傾國傾城的美。旗女子文化發展有限公司陳春妍董事長對旗袍的描繪，就像她的人淡淡的、卻散發著沁人心脾的魅力；著名節目主持人、金話筒獲得者杜橋老師的推薦序不僅展示了精美的文字，更有人們對旗袍的嚮往；上海普若律師事務所創始合夥人、景德鎮藝術欣賞的專欄作家吳秋發主任說：「每個女子心中都有一個關於旗袍的夢，每個男子都有一個關於旗袍女子的夢。」；畢業於清華大學的香港北京海外聯誼會副秘書長小亮對旗袍的理解則是：「旗袍之美，詩詞之境。品讀中華文化，旗袍就是那最美的一扇窗。」；

文學碩士、編劇楊千紫妹妹寫道:「北方女人的柔媚與堅強。」

我知道自己擔不起這些盛名之下的讚譽,這是各位師友寫給旗袍女人的文字。因為寫作旗袍,收穫了無數的讚美和祝福。遼寧法制報社李良宏副總編輯預祝出版成功,還有許多朋友發來了自己的簽名,這些簽名和留言從大洋彼岸、從遙遠的西藏、從天涯海角、從祖國的首都等四面八方飛到了我的手機裡,當我埋頭燈下,認真整理這些推薦人名錄時,在忙碌中感受著久違的那顆心的驛動,每一個名字,於我,都是如此親切。友人中最讓我感動的是遼寧青年雜誌王瑋主編,不久前在出差途中遭遇了車禍,在右手失去知覺的情況下,堅持用左手寫下了自己的簽名,這莫大的支持和鼓勵,讓我的內心飽受極大的震撼,曾經堅強的內心被一次次地感動,並因欣慰而變得柔軟。

《旗袍藏美》在青島出版集團董事副總編輯高繼民兄的持續關注下,在景德鎮籍上海普若律師事務所吳秋發主任、河南籍安徽時代新媒體出版社李旭總編輯、青島籍中國明清冊主人溫小明總經理及全國十佳電視製片人、大連五洲影視有限公司陳冬冬董事長的協調幫助下,精選了景德鎮青年陶瓷藝術家、高級工藝美術師楊磊創作的景德鎮博物館館藏作品及唐英杯金獎作品等十餘幅;

湖南省美術家協會會員、職業畫家曠野（原名曠軍民）
惟妙惟肖的旗袍畫作 20 餘幅；中國美術協會理事、國家
一級美術師、國際工藝美術協會理事，具有國際工藝美
術大師榮譽稱號的陶瓷旗袍會創始人、定製旗袍陶器美
女圖的畫家曹鴻雁獲得金獎和銀獎等畫作 20 餘幅；德高
望重的北京畫院研究員、藝委會副主任，《當代中國畫》
王志純主編和首都博物院畫院譚曉世副院長合作的工筆
畫《取針》，將工筆畫作發揮得淋漓盡致；多次獲得藝
術作品金獎並在海內外成功舉辦畫展的著名畫家陳霖女
士將自己的十餘幅作品授權，作為本書的插圖，讓讀者
感受著與眾不同的古韻古風；中國攝影家協會會員、美
國職業攝影師協會會員，畢業於魯迅美術學院的楊士忠
老師拍攝的一組旗袍人物照片，將攝影與繪畫藝術完美
地結合在一起；蔡邕蔡文姬紀念館創辦人、正在錄製《跟
著李老師學書法》節目的書法前輩李存忠老師為本書題
寫了書名；全國公安民警書法大賽獲獎者、資深篆刻專
家、中國刑警學院書法研究員吳文生先生為本書題寫了
章節名。特邀魯美國際文化服裝學院章瀠之同學繪製了
藏書票，使這本書具備了收藏元素。儘管每一位藝術家
的畫風與攝影風格及書法表現形式不同，但旗袍的主題
相同，將藝術與服飾相融合的出發點相同，他們對旗袍
藝術的執著追求以及在作品中對旗袍藝術魅力的傾力展
現，在濃淡總相宜的筆墨和場景中讓我領略著藝術的神

韻，並在對藝術的欣賞中，提升著心靈，開闊著視野，感喟著人生。

在此，特別感謝中國報告文學學會副會長、《東方哈達》及《瑪姬阿米》等書的作者，多次獲得「五個一」工程獎的著名作家、火箭軍（原解放軍二炮）政治部創作室主任——徐劍將軍，在創作任務極其繁重的間隙，抽出寶貴時間用毛筆書法為這本書撰寫了序言，傾注了一位軍旅作家對弘揚旗袍與服飾文化的關注與對作者的無私支持。感謝青島出版集團先後選派優秀的王甯和曲靜兩位氣質美女就本書內容及結構多次與我進行溝通；文靜雅致的曲靜妹妹擔綱本書的責編，對內容和外觀的把控，一絲不苟的敬業精神，讓作者不時生發出感動，更讓書的製作至臻完美。超強的編排製作團隊，精益求精的出版品格，讓《旗袍藏美》更增添了藝術與文學的氣息，讓更多讀者在閱讀文字的同時，也欣賞到名家的畫作和書法，更深層次、不同角度地瞭解和感悟中華旗袍的魅力。

感謝曾經參與本書前期策劃的蔚藍火紅行銷機構劉文軍董事長，著名朗誦藝術家、金話筒得主，著名節目主持人杜橋先生，遼寧中外企業家俱樂部董春光副主席以及推薦這本書的海內外企業家，民主黨派及工商聯人士，影視、出版、文化傳媒、公檢法司、教育科技、網

路傳媒等行業的精英人士，他們中不乏歷史學者、廣播
電視臺編導、影視劇出品人、軍旅作家、書畫和攝影藝
術家、企業高管、讀書推介人及中華旗袍總會副會長、
中國旗袍文化金融總會創始會長及多地旗袍分會會長等
（推薦人名單附後），這些友人的支持，讓這個多雪的
冬季，增添了一絲絲溫暖。而寫作一本書，就像上演了
一場戲，台前幕後，有太多的花絮，太多的情懷，還有
太多的故事……

一路走來，感恩有你，感謝朋友。

此刻，我最想説：

喜歡書香，更愛旗袍。喜愛旗袍，更愛生活。

——11月26日於盛京

推 薦 人 （按姓氏拼音排序）

張莉緹　台灣世界旗袍文化推展聯合會　創會長
白清秀　瀋陽秀昌文化傳媒公司副總經理、《今日遼寧》執行總編
邊美源　世博旗袍總會長、第 42 屆世博會中國旗袍文化走進世博會秘書長
常智宏　國家一級導演、北京電影學院兼職教授
陳春妍　旗女子文化發展有限公司董事長
陳俊中　視影業董事長／製片人／導演
陳殿元　瀋陽星之光女子樂團、團長
陳冬冬　大連五洲影視有限公司董事長、全國十佳電視製片人
陳鵬翺　蒙太奇環球影業集團電影導演

董　芳　中央電視臺導演

董　淩　山遼寧省電影家協會副主席、享受政府特殊津貼專家、鞍山
　　　　市藝術創作研究所原所長、國家一級編劇

杜　橋　著名朗誦藝術家、金話筒得主，著名節目主持人

段　勇　華中科技大學出版社大眾圖書分社社長

傅華陽　神兵天將影業有限公司董事長

高　磊　中國東北傳媒網總編輯

高海濤　評論家，遼寧省作協副主席、《當代作家評論》主編

高繼民　青島出版集團董事副總編輯

高小敏　臺灣紅白娛樂傳媒總經理

顧耀東　詩人、製片人，江蘇北泉文化發展有限公司董事長，江蘇新
　　　　華全媒體藝術館策劃總監

關杭軍　銀都傳媒董事長、著名電影出品人

韓　駿　北京星光大道影視製作有限公司董事長

韓志君　國家一級導演、編劇、中國電影文學學會副會長

胡慧雲　旗袍、晚裝專賣店總經理

畫兒晴　天插畫／繪畫

黃廣亮　畫家、書法家、室內設計師，富爾特裝飾公司董事長

黃　玲　中國旗袍會義烏總會會長

黃國榮　小說作家，原解放軍文藝出版社副社長、編審

黃子茜　作家、編劇

蔣　濤　電影編劇、導演

荊浚軒　中國書畫家協會副主席、中國翰林書畫院副院長，國家一級
　　　　書法家

闞　娟　知音傳媒《月末版》執行主編

蘭恩發　資深媒體人

李　俊　中國旗袍文化金融總會創始會長

李　林　上海未石影視文化有限公司總經理／導演

李　旭　安徽出版集團時代新媒體出版社總編輯

梁　子　中國書法家協會會員，遼寧社會主義學院客座教授，遼寧
　　　　省僑聯書法家協會副主席，瀋陽市青年書法家協會秘書長

梁敬岩　軍旅詞作家，世界文學藝術家總會副主席、世界華人音
　　　　樂家協會會員、中國大眾音樂協會會員

廖小飛　影視導演、演員

劉　波　浙江金華廣電總台經濟電臺國家級一級播音員、國家級二
　　　　級心理諮詢師、【波長波短】、【書裡書外】節目主持人

劉文忠　臺灣五南圖書出版公司總經理

劉文軍　資深策劃人、導演，遼寧大學客座教授，遼寧省文化產
　　　　業商會副會長，蔚藍火紅行銷策劃機構董事長

柳　風　詩人、作家、規劃師；《中國網路──好詩選讀》主編、《鳳
　　　　凰花開詩刊》顧問、《中國當代詩人詞家代表作大觀》編委

呂　游　瀋陽古今影視文化傳播有限公司總經理、中國名媛名仕
　　　　文化聯合會秘書長、瀋陽黑龍江商會副會長

馬　克　導演

龐　灝　盛京文學網副主編

沈　莉　中國旗袍會菏澤分會會長

石一楓　作家

帥沛岑　中華國際旗袍會海口總會會長，海南東方神韻旗袍文化
　　　　藝術團名譽團長

水蘭蘭　中華旗袍匯群主

宋　強　《人民記憶》、《北京記憶》、《中國不高興》作者，
　　　　天生之道文化傳媒公司文學總策劃

宋家寶　古今影視傳媒有限公司執行導演

譚曉世　北京美術家協會會員，首都博物院畫院副院長

王　輝　世界華人工商業聯合會中華旗袍總會副會長

王　謹　亞洲文化交流協會副會長、人民日報（海外版）原副
　　　　總編輯，中國作家協會會員

王　鵬　濟南市傳統文化研究會副會長

聞華艦　作家、編劇，北京華策百納影視文化傳媒有限公司總裁

徐　劍　第二炮兵政治部創作室主任，中國作家協會全國委員、
　　　　中國報告文學學會副會長

許　輝　安徽省作家協會主席

楊千紫　編劇

姚勝祥　《文史天地》編輯部主任，貴陽市作家協會副主席，
　　　　貴州民族大學客座教授

於　悅　資深媒體人

于　洪　豔瀋陽劇碼創作室編劇

張　洪　遼寧人民出版社副總編輯

張啟瀋　陽名璽茶文化藝術館館長

張洪波　中國文字著作權協會總幹事

張愷新　中國近現代史料學學會副秘書長、著名歷史學者

張玉春　國家一級演員，遼寧人民藝術劇院副院長

章愛君　瀋陽璽贏演出服飾有限公司董事長

周　林　作家、編劇

周文華　禹國際旗袍董事局執行主席

王志純
北京畫院藝術委員會副
主任、研究員，《當代
中國畫》主編，中國美
術家協會會員，中國工
筆劃學會常務理事，北
京工筆重彩畫會藝術委
員會主任，首都博物院
畫院藝術委員會主任。

譚曉世
北京美術家協會會員，
北京工筆重彩畫會會
員，首都博物院畫院副
院長。

《取針》 王志純、譚曉世

推薦語

「女子的旗袍，高雅的背影，令人們驚訝於古風的韻致，記住了那個美麗的女子。」近些年，以高產作品活躍於文壇的作家柳迦柔女士，推出的新書《旗袍藏美》，憑藉獨到的視覺，以靈動飄逸的散文筆觸，娓娓道來，描繪出風情萬種的旗袍文化長廊。

——亞洲文化交流協會副會長、人民日報原副總編輯　王謹

淡淡幽香異眾芳，不以顏色媚春陽；脈脈深情旗之戀，花殘不改初心願！

——旗女子文化發展有限公司董事長　陳春妍

東方之美，中華之韻。盡在柔美的曲線與如詩的韻律中，彰顯女性的優雅氣質與文化底蘊。

　　——大連五洲影視有限公司董事長、全國十佳電視製片人　陳冬冬

迦柔是一位很勤奮的作家，常用獨特的思維觸動你心靈中最柔軟的部分。

　　——中央電視臺軍事節目　洪國荃導演

每個女子心中都有一個關於旗袍的夢，每個男子都有一個關於旗袍女子的夢。

　　——上海普若律師事務所創始合夥人、主任　吳秋發

這是著名女作家柳迦柔繼《女刑警隊長》之後的又一部精品力作，值得您一讀的好書。

　　——公安影視製片人　郭現春

旗袍之美，詩詞之境。品讀中華文化，旗袍就是那最美的一扇窗。

　　——香港北京海外聯誼會副秘書長　小亮

旗袍藏美：時光帶不走的東方之美

作　　　者	柳迦柔	
發 行 人	林敬彬	
主　　　編	楊安瑜	
編　　　輯	林奕慈	
內 頁 編 排	林奕慈	
封 面 設 計	陳語萱	
編 輯 協 力	陳于雯	

出　　　版　大旗出版社
發　　　行　大都會文化事業有限公司
　　　　　　11051 台北市信義區基隆路一段 432 號 4 樓之 9
　　　　　　讀者服務專線：（02）27235216
　　　　　　讀者服務傳真：（02）27235220
　　　　　　電子郵件信箱：metro@ms21.hinet.net
　　　　　　網　　　址：www.metrobook.com.tw

郵 政 劃 撥　14050529　大都會文化事業有限公司
出 版 日 期　2018 年 12 月初版一刷
定　　　價　350 元
I S B N　978-986-97047-1-7
書　　　號　B181201

Metropolitan Culture Enterprise Co., Ltd.
4F-9, Double Hero Bldg., 432, Keelung Rd., Sec. 1,
Taipei 11051, Taiwan
Tel:+886-2-2723-5216　Fax:+886-2-2723-5220
Web-site:www.metrobook.com.tw
E-mail:metro@ms21.hinet.net

◎本書如有缺頁、破損、裝訂錯誤，請寄回本公司更換。

國家圖書館出版品預行編目

旗袍藏美:時光帶不走的東方之美 /
柳迦柔著. -- 初版. -- 臺北市:大旗出版;大都
會發行, 2018.12
224 面 ; 14.8×21 公分
ISBN 978-986-97047-1-7(平裝)

1. 服飾習俗 2. 旗袍 3. 華人服飾

538.182　　　　　　　　　　　107020280